**...che Soldaten planen ... Juli 1944 ihr weite- ...hen während der ... der Normandie. ...hema „Invasion“ ...2**

...oto: Rue des Archives/Tallandier/ Süddeutsche Zeitung Photo



INHALT

## Liebe Leserin, lieber Leser,

es war ein turbulentes Jahr, soviel ist sicher. Die deutsche Regierung versprach, mehr Geld in die Rüstung zu stecken, gerade mit Blick auf Russland. Volkswirte mahnten indes, dass der Schuldenstand mittlerweile ein bedrohliches Niveau erreicht habe. Die Menschen im Land hatten derweil so ihre eigenen Sorgen. Die Lebensmittel hatten sich in den letzten Jahren ziemlich verteuert, während die Unternehmen zunehmend über Personalsorgen klagten. Vereinzelt wurden in der Politik stimmen laut, Arbeitskräfte aus dem Ausland, vor allem aus Afrika, anzuwerben. Nein, die Rede ist nicht von 2023, sondern von 1913. Wollen wir hoffen, dass die Parallelen zur Vergangenheit damit enden und wir im Jahre 2024 an dieser Stelle keine weiße Seite mit dem Hinweis drucken müssen, dass die Redaktion geschlossen für den Einsatz im Dritten Weltkrieg herangezogen wurde …

Die Ereignisse des Jahres 2023 verdeutlichen jedoch, dass es größter Wichtigkeit ist, sich mit strategischen Fragen zu beschäftigen. So hat sich Dr. Lukas Grawe in unserer Titelgeschichte mit dem entscheidenden Kriegsjahr auseinander gesetzt, um zu ermitteln, wie sich das Deutsche Reich auf die zu erwartende Invasion im Westen vorbereitet hat. Die Zahlen und Motive, die er nennt, sind erstaunlich und erklären auch vieles von dem, was sich im Sommer 1944 an der Ostfront an Dramen abspielen sollte.

Prof. Dr. Michael Epkenhans wiederum hat sich der Julikrise von 1914 gewidmet. Anschaulich und stringent erklärt er die Ereignisse, die zur „Urkatastrophe“ des 20. Jahrhunderts geführt haben und geht dabei auch auf die Schuldfrage ein.

Trotz der schwere der Themen wünschen wir Ihnen, liebe Leser, eine erkenntnisreiche Lektüre und hoffe, dass wir im kommenden Jahr mehr Licht in all dem Schatten sehen, der uns zurzeit noch umgibt. *Ihre Redaktion*

Titelfotos: Bundesarchiv; Blanc Kunstverlag/Süddeutsche Zeitung Photo; Scherl/SZ Photo (2); INTERFOTO/Constantin Film AG; Günter Poley; Florian Wein; Herman Historica GmbH; picture alliance/Klaus Rose

## EPISCHE SCHLACHT DES ALTERTUMS

# TROJA

Der Untergang Trojas um das Jahr 1180 vor Christus war der vorläufige Höhepunkt eines dramatischen Zivilisationszusammenbruchs am Ende der Bronzezeit. Das Gemälde stammt von Daniel van Heil (1604–1662) und zeigt rechts das berühmte trojanische Pferd, mit dem, wie die Legende sagt, die Griechen unerkannt in die eigentlich gut geschützte Stadt eindringen und sie zu Fall bringen konnten. Was sich am Ende der späten Bronzezeit wirklich abspielte, schildert der Bericht ab Seite 70.

Foto: Photo Josse/Bridgeman Images

# Von der Schlacht am Granikos bis zur Geiselname in Falludscha

**Eine Binsenweisheit besagt, dass in der Menschheitsgeschichte Frieden die Ausnahme und Krieg die Regel ist. Entsprechend viele Jahrestage gibt es auch 2024 wieder**

Von Maximilian Bunk

**PRÄGEND:** Mit den Punischen Kriegen stieg Rom zur Großmacht auf, rechts der römische Feldherr Scipio Foto: pa/akg-images

**SCHLACHTEN, KRIEGE, KRISEN & KONFLIKTE**

## Antike & Mittelalter

**Mai 334 vor Christus:** Am Granikos (in der heutigen Türkei) kann Alexander der Große ein (vermutlich) zahlenmäßig doppelt so großes Heer vernichtend schlagen. Die Schlacht am Granikos ist zwar heute weniger bekannt als ihre „Schwestern" bei Issos (333 vor Christus) und Gaugamela (331 vor Christus), doch sie markiert den ersten Erfolg des griechischen Feldzuges gegen das persische Weltreich. Ein Hauptproblem der Perser ist ihre Unfähigkeit, die unter ihnen kämpfenden zirka 5.000 griechischen Söldner effektiv einzusetzen.

**264 vor Christus:** Der 1. Punische Krieg (bis 241 vor Christus) bricht aus. Es ist der erste von drei Waffengängen, die Rom gegen die See- und Handelsmacht Karthago führt. Als Landmacht müssen die Römer die fehlende Ruderkunst und mangelnde Erfahrung in der Seekriegführung durch Quantität und eine simple Entertaktik (quasi die Übertragung des Landkrieges aufds Meer) kompensieren. Tatsächlich erdrücken die Römer die nautisch routinierteren Karthager mit der schieren Masse ihrer Kriegsschiffe. Außerdem vernichten sie die karthagischen Küstenbasen und gehen so am Ende als Sieger aus dem Konflikt hervor.

**Sommer 774:** Mit der Eroberung von Pavia kann der Frankenkönig Karl der Große (747–814) den im Vorjahr begonnen „Langobardenfeldzug" in Norditalien beenden – und gleichzeitig das Langobardenreich zu Grabe tragen. Karl, den viele als den „Vater des modernen Europa" bezeichnen, nennt sich von nun an selbst „König der Langobarden". Seinem erweiterten Titel fügt er die Formel „Gratia Dei" („von Gottes Gnaden") hinzu, die für ganz Europa bis in die Neuzeit stilbildend wird.

**874:** Norwegische Wikinger legen die ersten dauerhaften Siedlungen auf Island an – die Insel im hohen Norden wird daraufhin zum Ziel zahlreicher Auswanderer aus Norwegen, viele von ihnen fliehen vor dem Gesetz aus der alten Heimat. Dazu gehört auch Erik der Rote, der 982 von Island aus Grönland entdeckt. Sein Son Leif Eriksson erreicht von hier aus wiederum im Jahr 1000 Amerika – ein halbes Jahrhundert vor Kolumbus, doch mit weitaus weniger Folgen.

**1204:** Der 4. Kreuzzug (seit 1202) endet. Unter allen Kreuzzügen des Mittelalters, die in Richtung „Heiliges Land" führen, ist dieser der absurdeste, da er von Venedig gegen den wirtschaftlichen Konkurrenten Byzanz umgelenkt wird – eigentlich ein christliches Bollwerk gegen den Islam. Mit der Eroberung der Stadt am 13. April 1204 wird das Byzantinische Reich zerschlagen, an seine Stelle tritt das Lateinische Kaiserreich unter venezianisch-französischer Führung.

## Frühe Neuzeit bis Zweiter Weltkrieg

**1524:** Der Bauernkrieg in Süd- und Mitteldeutschland beginnt. Seine Ursachen sind eine Kombination sozialer, politischer und wirtschaftlicher Spannungen. Die Bauern (sowie einige Städte) wehren sich gegen

**PIONIER:** Ein Denkmal zu Ehren Eriks des Roten steht vor dem Turm der Halgrimskirka (christliche Kirche) in Reykjavik, Island Foto: picture alliance/imageBroker

**TIEFSCHLAG:** **Am 13. April 1204 erobern Kreuzfahrer Konstantinopel. Byzanz erholte sich davon nie wieder** Foto: picture-alliance/akg-images/Cameraphoto

die zunehmende Steuerlast, Leibeigenschaft und weitere Einschränkungen durch den frühmodernen Staat. Es entsteht eine gewaltige Massenbewegung, die jedoch aufgrund fehlender militärischer (und politischer) Einheit in mehreren Schlachten bis 1526 niedergeschlagen wird. Allerdings: Aus Angst vor erneuten Aufständen verbessert sich in vielen Gegenden die Situation der Bauern dennoch.

**1814:** Ein ereignisreiches Jahr für Napoleon, der trotz zahlreicher Siege während der Frühjahrskampagne den Vormarsch der Alliierten nicht aufhalten kann. Am 31. März ziehen die Verbündeten nach der Kapitulation Frankreichs in Paris ein. Am 11. April erhält Napoleon (nach seiner Abdankung) im Vertrag von Fontainebleau die Herrschaft über die kleine Mittelmeerinsel Elba – mit der er sich allerdings nicht lange zufriedengibt …

**28. März 1854:** Großbritannien und Frankreich treten auf der Seite des Osmanischen Reiches in den Krimkrieg (seit Oktober 1853) gegen Russland ein, nachdem Zar Nikolaus I. Konstantinopel zuvor vergeblich aufgefordert hat, ihm die Schutzherrschaft über die orthodoxen Christen im Osmanischen Reich zu übertragen. Hauptgrund für den Krieg sind aber Spannungen im Vorderen Orient zwischen Großbritannien und Russland. Die militärische Entscheidung fällt hauptsächlich auf der Krim in mehreren blutigen Schlachten. Der Konflikt endet 1856 mit einer Niederlage Moskaus.

**31. Mai bis 12 Juni 1864**: In der Schlacht von Cold Harbor kann der konföderierte General Robert E. Lee in einer späten Phase des Amerikanischen Bürgerkrieges der Union noch einmal eine herbe Niederlage zufügen. Trotz unterlegener Kräfte gewinnt der Süden, kann diesen taktischen Sieg aber nicht mehr strategisch nutzen. Die Schlacht ist militärgeschichtlich bedeutend, da viele Historiker sie als das Ende

**GRAUENHAFTE ARBEIT:** Der Amerikanische Bürgerkrieg nahm nicht nur die Kriegführung des Ersten Weltkriegs vorweg, auch die Bilder ähneln sich erschreckend, hier bei Cold Harbor
Foto: Bridgeman Images

**DER BEGINN:** Während des Krimkrieges entstanden die ersten Kriegsfotografien der Geschichte
Foto: picture-alliance/akg-images

der Napoleonischen Kriegführung ansehen. Außerdem gilt sie aufgrund der massierten Frontalattacken auf befestigte Stellungen, den Nachtangriffen, dem Einsatz von Stoßtrupps und Mörsern bereits als Vorbote des Ersten Weltkriegs.

**1864:** Als Dänemark erneut Ansprüche auf Schleswig-Holstein geltend macht, bricht der 2. Deutsch-Dänische Krieg aus, bei dem Österreich und Preußen gemeinsam gegen das nordische Königreich vorgehen. Deutsche Truppen überschreiten am 1. Februar 1864 die Grenze und besetzen Schleswig und Jütland. Sie erstürmen die Düppeler Schanzen am 18. April und gewinnen die Schlacht bei Alsen am 1. Juli. Im Wiener Frieden vom 30. Oktober muss Dänemark ganz Schleswig-Holstein und Lauenburg an Preußen und Österreich abtreten.

**8. Februar 1904:** Der Russisch-Japanische Krieg beginnt mit einem Angriff Japans auf den Hafen Port Arthur. Das Ziel der Japaner ist es, den russischen Einfluss in Korea und in der südlichen Mandschurei zurückzudrängen. Die Niederlage des Zarenreiches im Sommer 1905 bedeutet einen immensen Prestigeverlust für Russland. Japan hingegen wird selbstbewusster, expansiver und bleibt bis zum Ende des Zweiten Weltkriegs die vorherrschende asiatische Militärmacht.

**28. Juni 1914:** Die Ermordung des österreichischen Thronfolgers Franz Ferdinand und seiner Gattin in Sarajevo durch serbische Nationalisten ist der Auslöser für den Ersten Weltkrieg – sozusagen die „Lunte am Pulverfass Europa", das recht schnell in die Luft fliegt. Bis Ende des Jahres (November) geht der „Große Krieg" an der gesamten Westfront zum zermürbenden, Mensch und Material verschlingenden Stellungskrieg über. Wer und warum er die Schuld an diesem Weltenbrand hat, wird bis heute diskutiert. Fakt ist jedoch: Der Krieg fordert 40 Millionen Opfer (tote und verwundete Soldaten und Zivilisten).

**15. August 1914:** Das seit 1897 in deutschem Besitz befindliche Tsingtau an der Nordküste Chinas wird zum Zankapfel zwischen dem Reich und Japan. Da die Garnison in dem strategisch nicht unbedeutenden Stützpunkt des deutschen ostasiatischen Kreuzergeschwaders aufgrund des Ausbruchs des Ersten Weltkriegs von 2.600 auf fast 5.000 Soldaten angestiegen ist, fordert Tokio den Abzug aller Kriegsschiffe. Das aufstrebende Japan erhebt schon seit längerer Zeit Anspruch auf das Gebiet. Als Deutschland dem Ultimatum nicht nachkommt, blockieren japanische und britische Schiffe den Hafen und greifen Anfang September das befestige Tsingtau an. Am 7. November fällt der Hafen, zirka 5.000 Deutsche geraten in japanische Gefangenschaft.

**26. bis 31. August 1914:** Die deutsche 8. Armee unter Paul von Hindenburg umfasst während der Schlacht von Tannenberg die russische 2. Armee (Narew-Armee) und zerschlägt diese schließlich. Halbherzige Entsatzversuche der Russen versanden – der Oberbefehlshaber der 2. Armee, Alexander Samsonow, erschießt sich in seiner Verzweiflung am 30. August. Das Ausmaß der zaristischen Niederlage ist in der Tat gewaltig: 140.000 Mann werden getötet oder kommen in Gefangenschaft. Zum Vergleich: Die deutsche Seite verliert insgesamt 13.000 Soldaten.

## Zweiter Weltkrieg bis heute

**30. Juni 1934:** Unter dem Vorwand, Ernst Julius Röhm und die SA hätten eine Revolte geplant („Röhm-Putsch"), werden SA-Stabschef Röhm und weitere SA-Führer verhaftet und am darauffolgenden Tag von der SS hingerichtet. Grund für den tödlichen Zwist mit Hitler ist Röhms Ansinnen, „seine" SA nach der Machtübernahme zu einer Volksmiliz auszubauen.

**17. Januar 1944:** Alliierte Truppen versuchen vergeblich, den mittelitalienischen Berg Monte Cassino zu erstürmen, der Teil der deutschen „Gustav-Verteidigungslinie" ist. Am 15. Februar bombardieren deshalb

**DEUTSCH-DÄNISCHER KRIEG:** Das Gemälde zeigt den Sturm auf die Düppeler Schanzen am 18. April 1864! Foto: picture alliance/akg-images

über 200 US-Flugzeuge die Stellung und zerstören dabei vor allem die Benediktiner-Abtei auf dem Berg (300 Mönche und Flüchtlinge sterben). Jetzt beziehen deutsche Fallschirmjäger den Berg und können drei Offensiven abwehren, bei denen insgesamt 30.000 Soldaten sterben. Erst nach dem Abzug der Deutschen (17. Mai) fällt Monte Cassino in alliierte Hände.

**6. Juni 1944:** An diesem geschichtsträchtigen Tag beginnt die alliierte Invasion der Normandie – besser bekannt unter dem Kürzel „D-Day". Es ist die größte Landeoperation der Geschichte: Über 200.000 Soldaten, 13.000 Flugzeuge, 20.000 Fahrzeuge und insgesamt fast 5.000 Schiffe und Boote sind daran beteiligt. Vorausgegangen sind ein massives Täuschungsmanöver sowie zähe Verhandlungen mit Stalin, der darauf pochte, dass die Westalliierten eine zweite Front eröffnen. Hitler ist übrigens zunächst erfreut über die Landung, da er sie als Chance sieht, den Westalliierten hier eine entscheidende Niederlage beibringen zu können – Theorie und Praxis klaffen allerdings weit auseinander, denn es sollte ein Desaster für die Wehrmacht werden. Die Ereignisse der Invasion werden hervorragend in dem multiperspektivischen Spielfilm *Der längste Tag* (1962) verarbeitet.

**20. Juli 1944:** Dem konservativen Offizier Claus von Stauffenberg gelingt es, eine Bombe in das streng bewachte Führerhauptquartier „Wolfsschanze" (Ostpreußen) zu schmuggeln und während einer Lagebesprechung explodieren zu lassen. Doch Hitler überlebt und Staufenberg sowie zahlreiche seiner Mitverschwörer werden gefasst und hingerichtet oder begehen Selbstmord. Der Anschlag vom 20. Juli (Unternehmen „Walküre") ist, nicht zuletzt aufgrund von Verfilmungen und offiziellen Gedenktagen, das bekannteste Hitler-Attentat – doch bei Weitem nicht das einzige: über 40 Attentate werden auf den „Führer" verübt!

**8. September 1944:** London wird das erste Mal von einer V2 („Vergeltungswaffe 2") getroffen. Die Hauptziele der V2 sind Südengland und die alliierten Nachschubbasen in Belgien. Insgesamt erreichen etwa 2.400 der im unterirdischen Rüstungszentrum „Mittelbau-Dora" gebauten V2-Raketen ihr Ziel. Eine kriegsentscheidende Wirkung entfaltet die von der Propaganda als „Wunderwaffe" angepriesene Wernher-von-Braun-Konstruktion aber nicht mehr.

**11. September 1944:** Ein Bombenangriff der Royal Air Force auf Darmstadt tötet weit über 10.000 Menschen. Viele von ihnen kommen in dem durch die Bomben ausgelösten Feuersturm um.

**12. November 1944:** 32 schwere Avro-Lancaster-Bomber bringen das deutsche Schlachtschiff Tirpitz in seinem Liegeplatz vor Norwegen zum Kentern. Zwei Tallboy-Fliegerbomben treffen das Schiff direkt. Insgesamt kommen bei dem Angriff 1.200 Matrosen ums Leben, über 800 können – teilweise unter großem Aufwand, wie dem Herausschneiden aus dem Rumpf der Tirpitz – gerettet werden.

**Dezember 1944:** Mit der Ardennenoffensive gelingt der Wehrmacht einer ihrer letzten großen Vorstöße an der Westfront (das Unternehmen „Nordwind" im Elsass und in Lothringen ist der andere Versuch im Winter 1944/45). Mit 200.000 Soldaten und über 500 Panzern durchbricht die Wehrmacht die alliierten Linien zunächst – die Amerikaner verlieren zirka 20.000 Männer, was die Ardennenoffensive damit zur blutigsten Schlacht des Krieges für die USA macht (die zudem 50.000

**NATIONALMYTHOS:** Mit der Schlacht von Tannenberg 1914 errang Deutschland seinen größten Sieg im Ersten Weltkrieg
Foto: picture alliance/akg-images

Berliner Ausgabe

Extra-Ausgabe

VÖLKISCHER BEOBACHTER

Eigenbericht des „V.B." über die Reinigungsaktion

So räumte der Führer auf!

Schonungslose Aufdeckung und Ahndung von Verfehlungen charakterloser Elemente
Scharfe Befehle und Anordnungen für die S.A.-Führer und Politischen Leiter

Das persönliche Eingreifen Adolf Hitlers

Hitlers Befehl an die S.A.

Die Ausstoßung Röhms

Viktor Lutze zum Stabschef ernannt

**POLITIK UND GEWALT:** Die NS-Propaganda rechtfertigte die Morde im Zuge des „Röhm-Putsches" mit einer angeblichen Intrige, die der SA-Führer gesponnen haben soll
Foto: picture-alliance/akg-images

**MÄRZ 1944:** **Die Zerstörung von Monte Cassino brachte den Alliierten mehr Nach- als Vorteile** Foto: picture-alliance/Illustrated London News Ltd.

Verwundete und knapp 20.000 Kriegsgefangene zu beklagen haben). Am Ende bleibt es aber bei einem nur temporären Aufbäumen der Deutschen, da man – anders als die Alliierten – die eigenen Verluste nicht mehr ausgleichen kann.

**23. bis 26. Oktober 1944:** In der See- und Luftschlacht im Golf von Leyte (in der Philippinensee im Pazifik) kommt es zu mehreren Gefechten zwischen der Kaiserlichen Japanischen Marine und einer zahlenmäßig weit überlegenen alliierten Flotte unter US-Kommando. Die japanische Unterlegenheit führt auch zu den ersten Kamikaze-Angriffen des Krieges, aber auch diese Verzweiflungstaten nützen nichts – die Alliierten gewinnen die Schlacht, die die Japaner zudem auch personell so auszehrt, dass sie als der letzte realistische Versuch des Kaiserreiches gilt, der Offensive des Gegners etwas entgegenzusetzen.

**13. März bis 7. Mai 1954:** Die Entscheidungsschlacht um Dien Bien Phu im gebirgigen Norden Indochinas (heute Vietnam) wird geschlagen. Es stehen sich die von den USA unterstützten Franzosen (inklusive vieler Fremdenlegionäre und verbündeter Vietnamesen) und die nationalistisch-kommunistischen Vietminh (von China und der Sowjetunion unterstützt) gegenüber. Den Vietminh unter der Führung des strategisch und taktisch genialen Võ Nguyên Giáp gelingt es, die Franzosen, die sich in ihrer Bergfestung Dien Bien Phu eingeigelt haben, vernichtend zu schlagen. Dabei überrumpeln die Angreifer ihre Gegner so ähnlich wie die Japaner im Jahr 1942 die Briten in Singapur.

**20. Juli bis 14. August 1974:** Die türkische Invasion Zyperns führt zur Teilung der Insel in einen türkisch besetzten Nordteil (Türkische Republik Nordzypern) und einen griechischen Südteil (Republik Zypern). Die türkische Armee führt dazu zwei Operationen („Atilla 1" und „Atilla 2") durch, die von Ankara als „Friedensoperationen" bezeichnet werden. Zwischen 100.000 und 200.000 Griechen werden aus dem Norden vertrieben, später müssen Türken den Südteil der Insel verlassen. Die Türkische Republik Nordzypern ist völkerrechtlich umstritten und wird nur von der Türkei offiziell anerkannt.

**11. Dezember 1994:** Der Erste Tschetschenienkrieg (bis 1996) bricht aus, als die Kaukasusrepublik Tschetschenien ihre Unabhängigkeit von der Russischen Föderation anstrebt. „Höhepunkt" des zweijährigen Konfliktes ist die Schlacht um die Hauptstadt Grosny, bei der insgesamt fast 100.000 Soldaten zum Einsatz kommen. Insgesamt fordert der Krieg – der mit einem russischen Sieg endet – mindestens 80.000 Menschenleben.

## MENSCHEN, KULTUR & BESONDERES

**Iden des März (15. März), 44 vor Christus:** Der römische Feldherr und Staatsmann Gaius Julius Caesar wird von einer Gruppe von Verschwörern unter der Führung von Marcus Brutus und Gaius Cassus im Saal des Pompeiustheaters ermordet. Kurz zuvor ist Caesar zum Imperator und Diktator auf Lebenszeit ernannt worden – diese Machtkonzentration ist den Attentätern zu groß und sie schreiten deshalb zum (in der Antike unter bestimmten Voraussetzungen durchaus legitimen) „Tyrannenmord".

**19. August 14 nach Christus:** Gaius Octavius (seit 27 vor Christus: Augustus) stirbt im süditalienischen Nola bei Neapel. Nach Caesars Tod besiegt er dessen Mörder Brutus und Cassius in Thrakien und später seinen ehemaligen Verbündeten Marcus Antonius in der Seeschlacht bei Actium. Mit dem Ende der Bürgerkriege wird Octavius Alleinherrscher, die Republik wandelt sich in eine Monarchie – und die Tat der Caesar-Mörder ist damit null und nichtig, da systemische

**SÖLDNERFÜHRER: Wallenstein gehörte zu den schillerndsten Figuren des Dreißigjährigen Krieges. Am Ende wurde ihm sein eigener Erfolg zum Verhängnis**
Foto: picture-alliance/akg-images

**KRIEGSENTSCHEIDEND: Die Schlacht von Dien Bien Phu 1954 geriet für Frankreich zum Debakel** Foto: picture-alliance/dpa

Zwänge über kurz oder lang (sehr wahrscheinlich) ohnehin zur Monarchie geführt hätten.

**25. Februar 1634:** Albrecht von Wallenstein, Generalissimus und Kriegsunternehmer, wird wegen (angeblichen) Verrats von kaiserlichen Offizieren im böhmischen Eger ermordet. Ob Wallenstein tatsächlich gegen den katholischen Kaiser intrigieren wollte, ist unwahrscheinlich, vielleicht war er auch einfach nur kriegsmüde. Dennoch muss er am 22. Februar nach Eger fliehen, wo wenige Tage später das Attentat auf ihn verübt wird: Wallenstein hat sich bereits zur Ruhe begeben, als die Mörder in sein Gemach eindringen und er von Walter Devereux mit einer Partisane erstochen wird. So findet eine der bekanntesten und wichtigsten Persönlichkeiten des Dreißigjährigen Krieges ihr blutiges Ende.

**2. Dezember 1804:** Die pompöse Krönungszeremonie Napoleons zum Kaiser findet in der Kathedrale Notre-Dame in Paris statt. Napoleon hat auf die Anwesenheit des Papstes bestanden, um die Kaiserwürde, wie knapp 1.000 Jahre zuvor Karl der Große, vom Oberhaupt der katholischen Kirche weihen zu lassen. Den Lorbeerkranz setzt sich der Korse allerdings selbst aufs Haupt. Zeugen berichten, dass sich das üppig und pathetisch inszenierte „Schauspiel" hart an der Grenze zur Komödie bewegt hat. Die Begeisterung des Publikums hat sich jedenfalls in Grenzen gehalten.

**1964:** Gleich zwei (Anti-)Kriegsfilm-Klassiker kommen in die Kinos. Zum einen das bildgewaltige britische „Heldenepos" *Zulu* (Regie: Cyril Raker Enfield), das die Verteidigung eines Kolonialstützpunktes in Afrika 1879 thematisiert. Andererseits Stanley Kubricks bitterböse Kalte-Kriegsposse *Wie ich lernte die Bombe zu lieben*, die vom atomaren „Gleichgewicht des Schreckens" zwischen den beiden Supermächten handelt (beziehungsweises dieses in eine Satire mit grotesk stilisierten Figuren überträgt). Zwei Filme, die unterschiedlicher nicht sein könnten.

**5. April 1964:** Einer der höchstdekorierten und umstrittensten Soldaten der US-Armee, General Douglas MacArthur, stirbt in Washington. Der West Point Abgänger wird während des Zweiten Weltkriegs Oberbefehlshaber der US-Streitkräfte im Fernen Osten. Seine Strategie des „Inselspringens" ist erfolgreich, er nimmt an Bord der *USS Missouri* die japanische Kapitulation entgegen. 1950 ist er Oberbefehlshaber der UNO-Streitkräfte in Korea. Der starrsinnige MacArthur will den Krieg über die Grenzen Koreas ausdehnen und wird daraufhin abgesetzt. Er ist ein guter Planer und eine charismatische Persönlichkeit, leidet aber an Selbstüberschätzung und gilt als schwieriger Mensch. Dem Trauerzug in Washington folgen 150.000 Menschen.

**2004:** Produzent Bernd Eichingers kontroverser Film *Der Untergang* kommt in die Kinos. Das Skript basiert auf einem Buch des Historikers Joachim Fest und den Memoiren von Hitlers Privatsekretärin Traudl Junge. Regisseur Oliver Hirschbiegel inszeniert auf deren Basis Hitlers (dargestellt von Bruno Ganz) letzte Tage im „Führerbunker" in Berlin im April 1945. Der Film ist – besonders im Ausland – ziemlich erfolgreich und erhält gute Kritiken und Preise, wie etwa den Bayerischen Filmpreis. Er gilt aber auch als gewagt, enthält historische Fehler und wird wegen seines fragwürdigen Inszenierungsstils kritisiert.

**7. Oktober 2004:** Islamistische Extremisten köpfen den 62-jährigen Briten Kenneth Bigley im Irak. Er war am 16. September – zusammen mit den beiden Amerikanern Jack Hensley und Eugene Armstrong – in der Nähe von Bagdad entführt worden. Kurz zuvor bemerken die drei Bauingenieure noch, dass ihre Unterkunft beobachtet wird (und sich das Sicherheitspersonal aus dem Staub gemacht hat). Diese Warnsignale ignorierend, arbeiten sie bis zu ihrem Kidnapping weiter. Armstrong wird am 20. September enthauptet, Hensley 24 Stunden später. Die Entführer und Mörder stellen Videoaufnahmen der Hinrichtungen ins Internet. Auch Bigley kann (trotz Bemühungen, ihn zu retten) dem Tod nicht entgehen. Im November 2004 finden US-Soldaten während Kämpfen in Falludscha das Haus, in dem die drei Geiseln festgehalten und ermordet worden sind. ■

**KRIEGSHELD: MacArthur geriet 1951 mit Präsident Truman aneinander. Der Konflikt hatte das Potenzial, die USA nachhaltig zu destabilisieren**
Foto: picture alliance/World History Archive

1944: die Invasion vor 80 Jahren!

NORMANDIE 1944

# WARTEN AUF DEN FEIND

Mit den zunehmenden Rückschlägen der Wehrmacht an der Ostfront wuchs die Wahrscheinlichkeit einer alliierten Invasion in Westeuropa, um Deutschland in einen Zweifrontenkrieg zu verwickeln. Wie aber bereiteten sich die deutschen Truppen auf eine alliierte Landung vor?

Von Lukas Grawe

**AHNUNGSVOLLE MINEN:** Im Frühjahr 1944 inspiziert Rommel eine Panzerhaubitzen-Einheit in Nordfrankreich. Zu dieser Zeit bereitete sich das Westheer intensiv auf die erwartete alliierte Invasion vor Foto: SZ Photo/Scherl

**ELEFANTENRUNDE:** Die alliierten Entscheidungsträger mussten 1944 entscheiden, an welcher Stelle sie Hitlers „Festung Europa" aufbrechen wollten (siehe Karte rechts). In der Mitte ist der Oberbefehlshaber der alliierten Expeditionsstreitkräfte, Dwight D. Eisenhower, zu sehen

Foto: SZ Photo

**AUSGEZEICHNET:** Das deutsche Westheer verfügte trotz aller Mängel auch über elitäre Verbände. Im Bild eine Panzerjäger-Besatzung, die während eines Kampfes sieben Sherman-Panzer vernichtet hat

Foto: SZ Photo/Scherl

Nach dem Überfall auf die Sowjetunion im Juni 1941 verlor Westeuropa aus deutscher Sicht an Bedeutung. Während die Führung einige Truppen für Besatzungsaufgaben zurückließ und Militär- und Zivilverwaltungen in den besetzten Ländern einrichtete, kämpfte das Gros der Wehrmacht fortan an der Ostfront. Der Vernichtungskrieg im Osten band nicht nur die ganze Aufmerksamkeit Hitlers, sondern verschlang auch die meisten personellen und wirtschaftlichen Ressourcen. Die Wehrmacht musste ihre Besatzungsheere in Frankreich, Belgien, den Niederlanden, Luxemburg, Dänemark und Norwegen in der Folge mehr und mehr ausdünnen, um die Verluste an der Ostfront ausgleichen zu können. Auch ein Großteil der Transportkapazitäten und der schweren Waffen wie Artillerie und Panzer wurden mit zunehmender Dauer des Ostfeldzugs vom Westen in die Sowjetunion verlegt.

Die fortlaufende Schwächung der deutschen Truppen in Westeuropa barg indes auch die Gefahr, Großbritannien und die USA zu einer Invasion zu verleiten, um auf diese Weise das Deutsche Reich in einen Zweifrontenkrieg zu verwickeln. Der sowjetische Diktator Josef Stalin hatte schon Ende 1941 eine „zweite Front" gefordert, um so die deutschen Kräfte zu schwächen. Allerdings konnten sich der britische Premierminister Winston Churchill und US-Präsident Franklin D. Roosevelt im Rahmen ihrer strategischen Treffen lange Zeit nicht einigen, wann und wo die Alliierten landen sollten. Während Churchill für eine Operation im Mittelmeerraum warb, um Italien aus dem Krieg zu drängen oder die deutschen Kräfte auf dem Balkan auszuschalten, machte sich Roosevelt von Anfang an für eine Landung in Frankreich stark, um auf kürzestem Wege nach Deutschland zu gelangen.

## Der Atlantikwall entsteht

Nach der Niederlage der Achsenmächte in Nordafrika 1943 einigten sich die Verbündeten auf einen Kompromiss: Als Erstes wollten sie auf Sizilien und anschließend auf dem italienischen Festland Fuß fassen, um den deutschen Verbündeten auszuschalten. Allerdings wurden für diese Unternehmen nur geringe Kräfte veranschlagt, um ein Jahr später die Hauptlandung in Frankreich durchführen zu können. Mit ihrem Schwerpunktwunsch hatten sich die USA somit letztlich durchgesetzt.

Über die verschiedenen strategischen Diskurse innerhalb der alliierten Führungszirkel war die deutsche Seite natürlich nicht vollumfänglich im Bilde. Dennoch ahnten auch Hitler und seine Generalität, dass die Alliierten früher oder später in Westeuropa landen würden, um die Sowjetunion zu entlasten. Bereits 1941 befahl der deutsche Diktator daher den Aufbau des Atlantikwalls, eines befestigten Küsten-Sperrriegels, der vom Nordkap bis zu den Pyrenäen reichen und dank seiner Bunker und Geschütze nur mit wenig Truppen besetzt werden sollte. Priorität beim Ausbau des Walls genoss zunächst Norwegen, hielten OKW und OKH angesichts der geringen Anzahl deutscher Besatzungstruppen hier eine britische Invasion doch für wahrscheinlich.

Erst im Laufe des Jahres 1942 fokussierte sich Deutschland auf Nordfrankreich sowie die belgische und niederländische Küste. War der Atlantikwall erst mal vollendet, so die hochfliegenden Pläne, sollten 15.000 Bunker die „Festung Europa" uneinnehmbar machen, während 300.000 Soldaten in der ersten Linie sowie 150.000 Soldaten in Reserve die Zwischenräume decken sollten. Der Atlantikwall war folglich, so konstatiert der Militärhistoriker Peter Lieb, „ein Testmodell, denn historische Beispiele für die Abwehr einer modernen amphibischen Großlandung gab es kaum. Ein zentraler Gedanke stand hierfür Pate: Wie konnten die Deutschen möglichst viele Soldaten einsparen?"

## „Den Rücken freihalten!"

Der Schwerpunkt der deutschen Kriegführung lag zwar eindeutig im Osten, doch hatte Hitler die Bedeutung des Westens frühzeitig erkannt. Anders als im Osten konnte die Wehrmacht im Westen kaum Gelände preisgeben, ohne dass die Alliierten zeitnah auf deutschem Boden standen und somit auch die Rüstungsproduktion bedrohten. Im März 1942 erließ der „Führer" daher die Weisung Nr. 41, in der er die Abwehr einer möglichen alliierten Invasion bereits an der Küstenlinie forderte und dem Oberbefehlshaber West hierfür die Verantwortung übertrug. Diesen Posten bekleidete von März 1942 bis zum 2. Juli 1944 Gerd von Rundstedt. In einem grundlegenden Befehl an die ihm unterstellten Truppen hielt der Generalfeldmarschall im Juli 1942 fest, es sei „unsere verantwortungsvolle Aufgabe im Westen, dem Führer den Rücken für seine Operationen freizuhalten [...] Wir müssen auf jeden Fall verhindern, daß eine ‚zweite Front' entsteht. Das ist unsere geschichtliche Aufgabe!"

Der Titel „Oberbefehlshaber West" war indes irreführend, denn tatsächlich unterstanden

# DIE „FESTUNG EUROPA" IM FRÜHJAHR 1944

**Im Frühjahr 1944 hatte die Sowjetunion bereits den größten Teil der verloren gegangenen Gebiete zurückerobert, während die Westalliierten ganz Süditalien eingenommen hatten**

Gestaltung: KGS Karthographie und Grafik Schlaich

**VORFELD DES ATLANTIKWALLS:** Zu den Abwehrmaßnahmen gehörten auch Panzersperren, die die Wehrmacht direkt am Strand errichtete Foto: SZ Photo

Rundstedt allein die Truppen des Heeres, während er Verbänden der Luftwaffe und der Marine keine Befehle erteilen konnte. Damit war das Kompetenzwirrwarr jedoch noch lange nicht beendet. Vielmehr unterstand auch die Heeresartillerie des Atlantikwalls nicht Rundstedt, sondern der Marine. Auch der Militärbefehlshaber in Frankreich pochte auf seine Eigenständigkeit, ebenso wie die Einheiten der Waffen-SS, die 1944 einen wichtigen Teil des Westheeres bilden sollten. Zeitzeugen nannten die zersplitterte Führungsorganisation im Westen „geradezu erschütternd", zumal sie während der alliierten Invasion etliche Reibungsverluste erzeugen sollte. In seiner Führerweisung Nr. 40 hatte auch Hitler diese Gefahr erkannt, sie aber nicht beseitigt. „Doppelunterstellungen müssen in Kauf genommen werden", hieß es im Wortlaut.

## Das Westheer blutet aus

Einen Wendepunkt in den Prioritäten zwischen Ostfront und westlichem Kriegsschauplatz läutete eine grundlegende Denkschrift Rundstedts ein, die der Oberbefehlshaber West im Oktober 1943 an Hitler sandte. Darin beklagte er den kontinuierlichen Aderlass, den das Westheer zugunsten der Ostfront erleide. Allein 1943 hatte die Wehrmacht 30 Infanterie-, sechs Panzergrenadier- sowie zwei Fallschirmjäger-Divisionen von West nach Ost verlegt, zusammen mehr als 450.000 Mann.

Im Gegenzug erhielt das Westheer nur unzureichenden Ersatz, der häufig schlecht ausgebildet oder aufgrund von Krankheiten oder Verwundungen nicht mehr ostfronttauglich war. Rundstedt wies nun auf die Gefahr hin, die das Ausdünnen der deutschen

**ALTE GARDE:** Gerd von Rundstedt gehörte zu den ältesten Generälen der Wehrmacht und genoss Hitlers Respekt Foto: SZ Photo

„Es ist unsere verantwortungsvolle **Aufgabe im Westen**, dem Führer den Rücken für seine Operationen freizuhalten. Wir müssen auf jeden Fall verhindern, dass eine **‚zweite Front'** entsteht. Das ist unsere geschichtliche Aufgabe!"

**Gerd von Rundstedt im Juli 1942**

**SCHLÜSSEL ZUM SIEG:** Die alliierte Luftüberlegenheit erwies sich als entscheidender Faktor während der Invasion. Im Bild ein B-17-Bomber Foto: Markus Wunderlich

**GROSSES KALIBER:** Neben den Panzern war die Artillerie ein entscheidender Faktor bei der Verteidigung des Invasionsraumes, hier ein Übungsschießen im Jahr 1941
Foto: SZ Photo

**PROPAGANDA:** Als hätten die Deutschen versucht, sich in Selbstironie zu üben, brachten sie diesen Spruch auf einem Artilleriebunker in Nordfrankreich an
Foto: SZ Photo

Truppen in Westeuropa zur Folge haben musste. Er glaubte fest an eine baldige alliierte Landung und gab als wahrscheinlichsten Zeitpunkt das Frühjahr 1944 an. Als Ort kam für Rundstedt allein der Pas de Calais infrage, handelte es sich hier doch um die schmalste Stelle des Kanals und somit um den kürzesten Versorgungsweg. Außerdem war die deutsche Reichsgrenze von hier am Kürzesten entfernt.

Einer alliierten Großlandung jedenfalls habe die Wehrmacht im Westen nichts entgegenzusetzen, warnte der Generalfeldmarschall. Den Kampfwert der im Westen stationierten Divisionen bezifferte er als gering, allein schon deshalb, da es sich überwiegend um „bodenständige" Verbände handelte, denen sämtliche Lastkraftwagen und sonstige Transportmittel entzogen worden waren, um sie im Osten einzusetzen. Verbessern ließe sich die Lage nur, indem man das Westheer personell und materiell umfassend auffüttert. Rundstedt forderte den Aufbau einer operativen Reserve, bestehend aus neun schlagkräftigen Panzer- und Panzergrenadier-Divisionen, mit denen er einen gelandeten Feind ins Meer zurückwerfen konnte. Derzeit, so Rundstedt, verfüge das Westheer lediglich über 256 Panzer, während die Alliierten auf der britischen Insel mittlerweile 32 Infanteriedivisionen, zwölf Panzerdivisionen, drei Luftlandedivisionen und mehr als 7.500 Flugzeuge zusammengezogen hätten.

## Hitler ist beeindruckt

Rundstedts dramatische Schilderungen hinterließen Eindruck bei Hitler, der die Denkschrift aufmerksam las und sich die wichtigsten Forderungen zu eigen machte. Bereits am 3. November 1943 erließ er die Weisung Nr. 51, welche die Prioritäten zwischen Ostfront und westeuropäischem Schauplatz neu austarierte. „Die Gefahr im Osten ist geblieben, aber eine größere im Westen zeichnet sich ab: die angelsächsische Landung!", betonte Hitler. „Im Osten lässt die Größe des Raumes äußersten Falles einen Bodenverlust auch größeren Ausmaßes zu, ohne den deutschen Lebensnerv

tödlich zu treffen. Anders der Westen! Gelingt dem Feind hier ein Einbruch in unsere Verteidigung in breiter Front, so sind die Folgen in kurzer Zeit unabsehbar. Alle Anzeichen sprechen dafür, daß der Feind spätestens im Frühjahr, vielleicht aber schon früher zum Angriff gegen die Westfront Europas antreten wird. Ich kann es daher nicht mehr verantworten, dass der Westen zugunsten anderer Kriegsschauplatze weiter geschwächt wird."

HINTERGRUND

## DIE RÉSISTANCE UND DER FRANZÖSISCHE WIDERSTAND

Nach der Niederlage Frankreichs im Mai 1940 lag das Land am Boden, an eine Fortführung der Kämpfe war nicht zu denken. Ein Franzose gab indes nicht auf: Aus dem Londoner Exil rief der General Charles de Gaulle zum Widerstand auf und bildete damit den Auftakt für die Formierung verschiedener Widerstandszellen. Bis zum Mai 1943 spiegelten diese indes die innere Zerrissenheit Frankreichs wider: Kommunisten der Francs-Tireurs et Partisans Français (FTPF), Anhänger de Gaulles (die sogenannte Armée Secrète) sowie ehemalige Militärs und ihre Organisation de Résistance de l'Armée (ORA) zogen keinesfalls an einem Strang und arbeiteten mehr gegen- als miteinander. Zudem infiltrierte der deutsche Sicherheitsdienst (SD) mehrfach Widerstandsnetzwerke und konnte auf diese Weise einige Zellen zerschlagen. Erst im Februar 1944 gelang die Einigung der wichtigsten Gruppen zu den Forces Françaises d'Interieur (FFI).

Seitdem das Vichy-Regime eine Arbeitspflicht erlassen hatte, profitierte die FFI von einem Zustrom jener, die sich dieser Pflicht entziehen wollten. Viele der jungen Männer flüchteten in die französischen Buschwälder, die sogenannten „Maquis", die den Partisanengruppen fortan ihren Namen gaben („Maquisards"). Bis in den Sommer 1944 hinein war die Résistance aber keinesfalls eine Massenbewegung. Manche Franzosen sahen in den Maquisards lediglich plündernde Verbrecher, andere lehnten das Vorgehen der Résistance aus Angst vor deutschen Vergeltungsmaßnahmen ab. Am 17. Februar 1944 brandmarkten die katholischen Bischöfe Frankreichs die Maßnahmen des Widerstands gar als Terrorismus, zumal zuweilen auch Franzosen den Bombenanschlägen zum Opfer fielen. Insgesamt behinderten die Aktionen der verschiedenen Widerstandsgruppen die deutschen Truppenverlegungen und die Nachschubtransporte im Sommer 1944 jedoch erheblich und trugen auf diese Weise mit zum Sieg der Alliierten in der Normandie bei.

## STÄRKSTE STELLE DES ATLANTIKWALLS

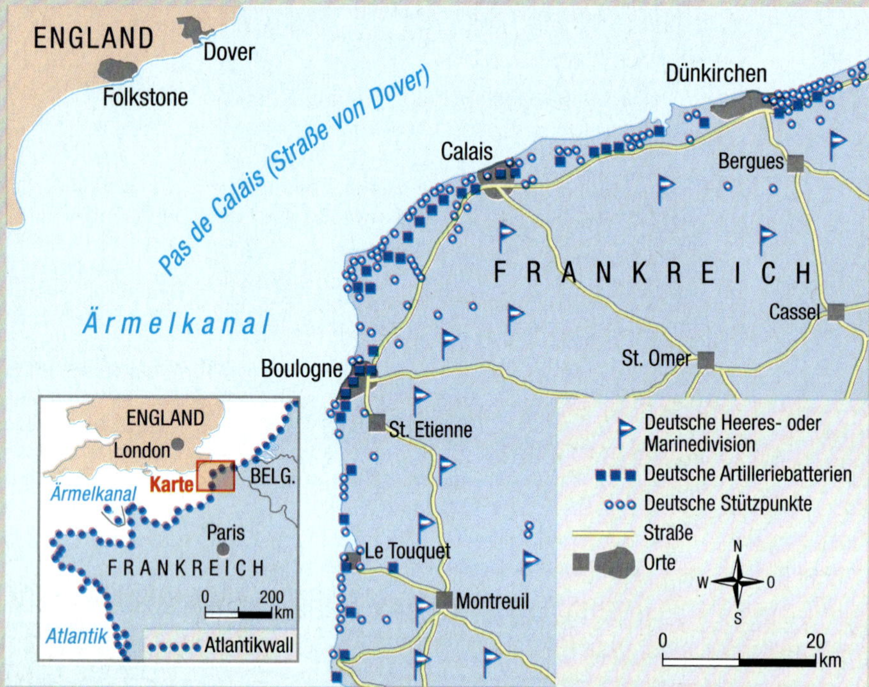


Gestaltung: KGS Karthographie und Grafik Schlaich

Damit untersagte Hitler einen weiteren Abzug von Truppen, auch wenn er sich selbst natürlich das Recht dazu vorbehielt. Außerdem griff er den Gedanken Rundstedts auf und befahl, eine operative Panzerreserve aufzustellen. Schließlich kam der Diktator noch auf seine „Geheimwaffe" zurück: Indem er Generalfeldmarschall Erwin Rommel und seinen Stab von Italien nach Frankreich verlegte, setzte Hitler ein weiteres Zeichen. Rommel genoss auch bei den Alliierten einen gefürchteten Ruf und hatte von allen höheren deutschen Generälen die meiste Erfahrung im Kampf gegen Briten und Amerikaner. Der Krieg, so viel hatte Hitler erkannt, war 1943/44 im Osten nicht zu beenden. Daher galt es nun, erst die Westmächte zu schlagen, ehe er seine gesamte Aufmerksamkeit wieder auf einen Sieg über die Rote Armee legen konnte. „Die Entscheidung im Westen", so betont der Historiker Hans-Ulrich Thamer, „war für Hitler nur eine Etappe beziehungsweise eine Vorstufe für den von ihm fortgeführten Weltanschauungskrieg, dessen eigentliche Entscheidung er im Osten suchte."

Bestärkt wurde Hitler in seinen Ansichten auch vom OKW. Der Chef des Wehrmachtführungsstabs Alfred Jodl unternahm Ende 1943 eine Inspektion des Atlantikwalls und kam zu ähnlichen Schlüssen wie Rundstedt. Auch Jodl plädierte für eine gepanzerte Reserve, die hinter jenen Armeen stationiert werden sollte, die wahrscheinlich eine alliierte Invasion abzuwehren hatten: Die 7. Armee in der Normandie und die 15. Armee in der Region Hauts-de-France. Die Panzer spielten folglich schon bald eine zentrale Rolle bei den deutschen Abwehrplänen. „Ohne sie", so betonte auch Rundstedt noch einmal, „ist ein dauerndes Halten der Küste nicht möglich." Hatten erste deutsche Pläne zuvor noch vorgesehen, den Gegner bereits „auf dem Wasser" zu schlagen, war man von diesem Vorhaben notgedrungen abgekehrt. Luftwaffe und Marine waren zu einer wirkungsvollen Abwehr längst nicht mehr in der Lage, sodass die Hauptlast der Kämpfe auf dem deutschen Heer liegen würde.

## Der rasende Rommel

Nachdem Hitler mit seiner Weisung den Befehlsbehörden im Westen weitreichende Vollmachten erteilt hatte, liefen die Vorbereitungen an. Rommel, der mit seinem Stab in erster Linie den Ausbau des Atlantikwalls überwachen sollte, fuhr fieberhaft die Küste entlang und spornte die örtlichen Truppen zur Eile an. Tatsächlich wurden die Ausbaumaßnahmen in Frankreich und Belgien noch einmal erheblich beschleunigt, wobei der Schwerpunkt auf dem Pas-de-Calais lag. Auch Rommel hielt diesen Abschnitt für den wahrscheinlichsten Landungsort der Alliierten. 1944 verlegte die Wehrmacht wöchentlich 200.000 bis 300.000 Minen an den gefährdeten Strandabschnitten oder grub Vorstrandhindernisse wie „Tschechenigel" oder „Hemmkurven" in den Sand, um die Anlandung von Panzern zu erschweren. Pioniergeneral Wilhelm Meise nannte Rommel bereits den „größten Pionier des Zweiten Weltkriegs".

Vorstrandhindernisse und Bunker allein konnten die Alliierten aber nicht aufhalten, dies war den deutschen Entscheidungsträgern klar. Die gepanzerte Reserve musste diese Aufgabe übernehmen. Ende 1943 entstand daher die Panzergruppe West; den Befehl übernahm General der Panzertruppe Leo Geyr von Schweppenburg. Umstritten blieb indes, wie man diese Reserve am besten einsetzen sollte. Geyr und Rundstedt warben dafür, die Panzerreserve geschlossen im Hinterland zurückzuhalten, um sie gegen den gelandeten Feind einsetzen zu können. Dieses „Schlagen aus der Nachhand" lehnte Rommel ab. Seine in Afrika gesammelten Erfahrungen hatten ihn gelehrt, dass angesichts der alliierten Luftüberlegenheit ein ungestörtes Operieren der Panzer illusorisch war.

Er plädierte dafür, die Panzerdivisionen einzeln und möglichst nah an der Küste zu stationieren, um sie dem gelandeten Feind

**SPRUNG INS KALTE WASSER: Auch die Alliierten bereiteten den D-Day gründlich vor. Im Bild ein Landemanöver an der Küste Englands, Frühjahr 1944**

Foto: Bridgeman Images

direkt entgegenwerfen zu können. Der große Nachteil: Ein geschlossener Einsatz der Reserve war so nicht möglich.

## Komplizierte Befehlskette

Die sogenannte „Panzerkontroverse" erhitzte in den folgenden Monaten die Gemüter der deutschen Führungszirkel im Westen und Hitler legte sie letztlich nur vordergründig bei. Wie so oft entschied sich der Diktator am 26. April 1944 nicht für die eine oder andere Variante, sondern für den Kompromiss: „Einige Panzerdivisionen kamen an die Küste, andere in Geyrs Panzergruppe West, wo sie nur auf Hitlers persönlichen Befehl eingesetzt werden konnten", so Lieb. Rommel hatte damit einen Teilerfolg errungen, doch war die Panzerreserve nun zersplittert worden, zumal die Befehlskette erneut komplizierter geworden war.

„Im Osten ist ein Feind da, hier ist alles so verzwickt und durch 100 mögliche Stellen überschnitten und verfilzt, dass es lange dauert, bis ein Neuling hinter die Kulissen sieht", beklagte sich Rundstedts Chef des Generalstabes Günther Blumentritt.

„Die Abwehr dieses Angriffs ist eine **Lebensfrage unseres Volkes** und eine geschichtliche Aufgabe, deren schicksalhafte Größe jeden von Euch auf das Höchste verpflichtet. Hier gibt es **kein Ausweichen und kein Operieren**, hier gilt es zu stehen, zu halten oder zu sterben."

**Aufruf Hitlers an die Soldaten des Westheeres**

Auch wenn Hitlers Weisung Nr. 51 mit dem Aufbau einer Panzerreserve eine wesentliche Forderung Rundstedts erfüllt hatte und das Westheer im ersten Halbjahr 1944 auch personell verstärkt wurde, waren damit noch lange nicht alle Schwächen beseitigt. Marine und Luftwaffe im Westen lagen am Boden. Hugo Sperrles Luftflotte 3 konnte den Alliierten gerade einmal 900 Flugzeuge entgegenwerfen. Die Bewaffnung der Divisionen bestand aus einem Sammelsurium aus Beutegerät und veralteten deutschen Waffen, während die Motorisierung der „bodenständigen" Divisionen nur schleppend vorankam.

Im fünften Kriegsjahr war die Wehrmacht personell längst an ihre Grenzen gelangt, sodass im Westen vor allem besonders junge oder besonders alte Männer dienten. Zehn Prozent des Westheeres bestanden zudem aus Soldaten, die man in den deutsch besetzten Gebieten rekrutiert hatte und deren Moral dementsprechend gering war. Hinzu kamen Versorgungsprobleme, allen voran mit Betriebsstoffen. Gezielt bombardierten die Alliierten in den Monaten vor der Invasion die Nachschubverbindungen und verurteilten

die Wehrmacht damit zur Immobilität. Auch die französische Résistance zerstörte Brücken und Eisenbahnlinien und verschlimmerte so die infrastrukturellen Probleme.

## Eine gewaltige Streitmacht

Im Frühjahr 1944 standen dem Oberbefehlshaber West kurz vor Beginn der alliierten Invasion insgesamt 48 Infanteriedivisionen sowie neun Panzerdivisionen und eine Panzergrenadier-Division mit etwa 1,8 Millionen Soldaten und 1.370 einsatzbereiten Panzern zur Verfügung. Gerade die Panzerdivisionen hatte die Wehrmacht in den Monaten zuvor noch einmal aufgefrischt und mit den kampfkräftigsten Kampfwagen wie Tiger, Panther und dem Panzer IV mit Langrohr ausgestattet. Diese Zahlen waren beeindruckend, vor allem im Vergleich zur Stärke des Westheeres Ende 1943. Rundstedts Warnruf hatte somit durchaus Früchte getragen, sodass der Oberbefehlshaber West und der ihm unterstellte Rommel den Eindruck hatten, alles Menschenmögliche getan zu haben, um die Invasion der Westmächte abzuwehren.

Die Schwäche von Marine und Luftwaffe ließ sich indes nicht beheben – sie sollte während der Kämpfe in Frankreich die deutsche Achillesferse bilden. Auch dass die Deutschen keine sicheren Nachrichten über Ort und Zeitpunkt der Landung besaßen, sollte letztlich den Erfolg der alliierten Invasion ermöglichen. „Insgesamt", so fasst Peter Lieb die deutschen Maßnahmen zusammen, „war das Westheer am Vorabend der Invasion trotz einiger unbestreitbarer Stärken einer feindlichen Großlandung kaum gewachsen." Dennoch mussten die Deutschen nun auf den ersten Zug der Alliierten warten. „Für uns ist der Weg klar vorgezeichnet: Vor uns steht entweder der Sieg oder die Vernichtung", hatte Jodl im Mai 1944 in einer Lagebesprechung vor den deutschen Gauleitern die Lage umrissen.

Während die Deutschen sich auf die Abwehr der feindlichen Landung einschworen, liefen die Vorbereitungen auf alliierter Seite auf Hochtouren. Nachdem Churchill und Roosevelt die gemeinsame Marschroute festgelegt hatten, bereiteten sich die Alliierten seit 1943 akribisch auf die Invasion in Frankreich vor. Bereits 1941 waren erste Planstudien entstanden, ehe die Verbündeten zwei Jahre später ernsthafte Pläne schmiedeten. Anders als Rommel und Rundstedt vermuteten, sprachen sich die alliierten Führungszirkel dafür aus, in der Normandie zu landen. Gegen den Pas-de-Calais sprachen gleich mehrere Gründe: Zum einen fehlte dort das Element der Überraschung, zum anderen war dieser Strandabschnitt von den Deutschen besonders stark befestigt worden. Mit Cherbourg und Le Havre konnten die Alliierten in

## ALLIIERTE EINSCHÄTZUNG VON 1944

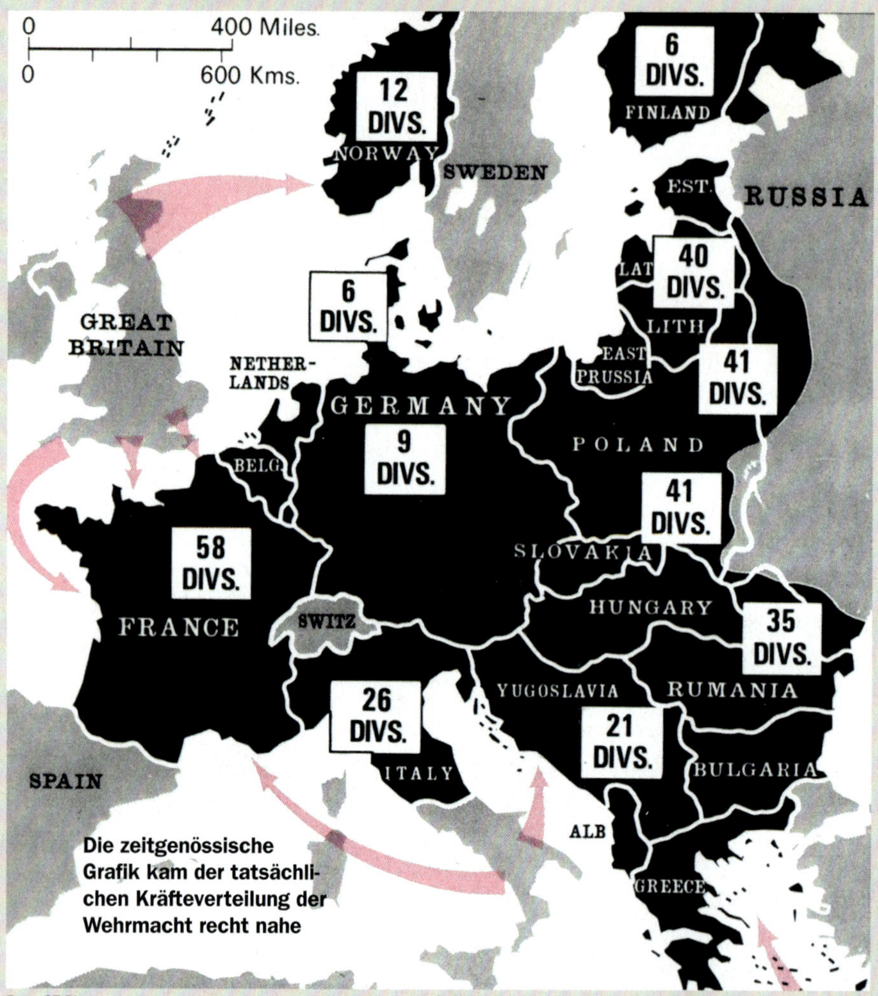


Die zeitgenössische Grafik kam der tatsächlichen Kräfteverteilung der Wehrmacht recht nahe

Foto: SZ Photo

HINTERGRUND

## DIE BOMBARDIERUNG DER DEUTSCHEN ÖLINDUSTRIE IM FRÜHJAHR 1944

Der alliierte Bombenkrieg spielte bei der Vorbereitung der Invasion eine entscheidende Rolle. Zum einen sollten die Versorgungswege der Wehrmacht in Frankreich lahmgelegt werden, zum anderen setzten die alliierten Führungszirkel aber auch innerhalb des Deutschen Reichs an: Um die deutschen Armeen bewegungsunfähig zu machen, sollte die deutsche Ölindustrie ausgeschaltet werden. Schließlich bildete die Benzinversorgung die Achillesferse von Wehrmacht und Rüstungsindustrie.

Am 12. Mai 1944 eröffneten Amerikaner und Briten von Großbritannien und Italien aus die sogenannte Öl-Offensive gegen Deutschland, wobei die Angriffsschwerpunkte in Leuna-Merseburg, Leipzig-Magdeburg, Stettin, Hamburg, Hannover-Misburg, Brüx (Sudetenland), Floridsdorf-Korneuburg und Blechhammer (Oberschlesien) lagen. Zerstört werden sollten in erster Linie die deutschen Hydrierwerke, die im Hochdruckverfahren Benzin aus Kohle gewannen. Auch die rumänischen Erdölfelder und Raffinerien bei Ploieşti wurden zum Ziel alliierter Angriffe.

Die deutschen Jagdverbände hatten der alliierten Materialüberlegenheit immer weniger entgegenzusetzen, zumal etliche Flugzeuge an den Fronten gebunden waren. Sie fügten den amerikanischen und britischen Luftflotten zwar hohe Verluste zu, konnten aber nicht verhindern, dass die deutsche Benzinversorgung im Deutschen Reich infolge der Bombardements fast gänzlich zum Erliegen kam.

der Normandie zudem zwei leistungsfähige Häfen in Besitz nehmen, was für die Nachschubfrage von größter Bedeutung war.

## Ein ambitionierter Plan

An fünf Strandabschnitten sollten in der ersten Welle fünf Divisionen die Küste stürmen: In den westlichen Abschnitten „Utah" und „Omaha" je eine amerikanische Division, in den sich ostwärts anschließenden Abschnitten „Gold", „Juno" und „Sword" zwei britische und eine kanadische Division. Als Landungstag war zunächst der 1. Mai 1944 vorgesehen. „Nach einer geglückten Landung", so beschreibt Militärhistoriker Dieter Ose die weiteren Pläne, „sollten die alliierten Verbände am rechten Flügel bis zur Loire vorstoßen und dann nach Osten einschwenken, sodass die Front statt nach Süden allmählich nach Osten gerichtet sein würde." Caen sollte dabei als Angelpunkt fungieren, folglich sollte die Stadt bereits am ersten Tag erobert werden, die Hafenstadt Cherbourg sollte am achten Tag nach der Landung in alliierter Hand sein.

**KAMPFPAUSE:** **SS-Standartenführer Eduard Deisenhofer inspiziert Stellungen der 10. SS-Panzerdivision „Frundsberg". Alle Männer tragen M44-Feldblusen im Erbsentarnmuster**

Foto: SZ Photo

Den Oberbefehl über die Streitkräfte übernahm der amerikanische General Dwight D. Eisenhower, während die Landstreitkräfte von Rommels Kontrahent in Afrika, Bernard Law Montgomery, befehligt wurden. Insgesamt standen den Alliierten für die erste Phase des Unternehmens, das den Decknamen „Overlord" erhielt, 37 Divisionen (23 Infanterie-, zehn Panzer- und vier Luftlandedivisionen) mit einer Gesamtstärke von 1,5 Millionen Mann zu Verfügung, die nach erfolgreichem Verlauf noch einmal durch 40 amerikanische Divisionen verstärkt werden sollten.

Dank umfangreicher Täuschungsmanöver gelang es den Alliierten, die wohl „umfangreichsten und gründlichsten" Pläne der gesamten Militärgeschichte (Ose) vor den Deutschen geheim zu halten. Gegenüber der

**BLUTIGER STRAND:** **Die US-Soldaten sind nach der Landung derart abgestumpft, dass sie noch nicht einmal ihren toten Kameraden bergen oder zumindest bedecken; „Omaha Beach", 7. Juni 1944**

Foto: Bridgeman Images

**TAKTGEBER: Wie unklar die alliierten Absichten waren, zeigt die Tatsache, dass Rommel auch die Verbände an der französischen Mittelmeerküste inspizierte, Mai 1944**
Foto: SZ Photo

Küste von Calais formierten die Alliierten ganze Phantomarmeen aus Sperrholz und Pappmaché, ließen via Funk gezielt Falschinformationen durchsickern oder bombardierten auch die deutschen Nachschubwege in der Calais-Region. Obwohl einzelne deutsche Generäle wie der kommandierende General des LXXXIV. Armeekorps Erich Marcks auf die Gefährdung der Normandie hinwiesen, blieben Rundstedt und Rommel bei ihrer Ansicht, die alliierte Invasion finde am Pas-de-Calais statt. Das gigantische Vorhaben war derart perfekt getarnt, dass Rundstedt noch am Tag vor der Landung an Hitler berichtete: „Ein unmittelbares Bevorstehen der ‚Invasion' ist noch nicht erkennbar." Der Diktator selbst war indes misstrauisch geworden und befahl, den Normandie-Abschnitt leicht zu verstärken: Zu den bereits drei vorhandenen Infanteriedivisionen gesellten sich nun eine Luftlande-, eine Panzer- und zwei weitere Infanteriedivisionen.

## Heftiges Bombardement

In den Morgenstunden des 6. Juni 1944 war es soweit: Zunächst landeten alliierte Luftlandedivisionen im Hinterland, um neuralgische Punkte zu besetzen und um die deutschen Verteidiger zu verwirren. Obwohl die Absprünge teilweise recht unkoordiniert und zerstreut abliefen, konnten die Fallschirmjäger gegen völlig überraschte deutsche Truppen einige lokale Erfolge erzielen. Einige Stunden später folgte die amphibische Landungsoperation, die innerhalb des Unternehmens „Overlord" den Decknamen „Neptune" erhielt. 1.213 Kriegsschiffe und 4.124 Landungsboote aller Art setzten fünf alliierte Divisionen an den Strandabschnitten an Land, nachdem heftiges Bombardement der Schiffsartillerie sowie alliierte Bomber die deutschen Verteidigungsstellungen an vielen Stellen bereits zerschlagen hatten.

Schnell zeigte sich, dass die Alliierten – im Gegensatz zur Wehrmacht – nicht nur einen Landkrieg führten, sondern auch auf die anderen Teilstreitkräfte einsetzten. Während auf deutscher Seite das Heer auf sich gestellt blieb, konnten Briten und Amerikaner vor allem auch auf ihre überlegene Luftwaffe setzen.

Dank ihrer Luftüberlegenheit gelang es Briten und Amerikanern rasch, erste Panzer anzulanden. Anders sah es hingegen auf deutscher Seite aus: Aufgrund der drückenden alliierten Luftmacht konnten die deutschen Panzerverbände am Tage kaum einen Meter weit marschieren. Einzig im Schutz der Dunkelheit konnten sie größere Marschdistanzen überwinden.

Während die alliierten Landungen an den Abschnitten „Utah", „Gold", „Juno" und „Sword" nahezu reibungslos verliefen und bereits nach zwei Stunden komplette Divisionen an Land gegangen waren, erlitten Teile der amerikanischen 1st und 29th Infantry Division am „Omaha"-Abschnitt schwere Verluste. Sie hatten ohne Panzer landen müssen und waren auf eine intakte deutsche Verteidigung getroffen. Eisenhower erwog daher für kurze Zeit, „Omaha" aufzugeben. Doch gelang es den amerikanischen Truppen bis zum Abend, sich am Strand festzubeißen. Allerdings war das Tagesziel, bis zu 20 Kilometer ins Landesinnere vorzustoßen, mit gerade einmal 1500 Metern eindeutig verfehlt worden.

## „Kein Ausweichen"

Als Hitler von der alliierten Landung erfuhr, fand ihn Goebbels „außerordentlich aufgekratzt", ja geradezu „glücklich" vor. „Der Führer ist fest davon überzeugt, daß es ihnen [den deutschen Panzerdivisionen] gelingen wird, die gelandeten Einheiten des Feindes wieder hinauszuwerfen und vor allem die Luftlandetruppen zu vernichten", hielt der Propagandaminister in seinem Tagebuch fest. In Hitlers Aufruf an die Soldaten der Westfront hieß es: „Die Abwehr dieses Angriffs ist eine Lebensfrage unseres Volkes und eine geschichtliche Aufgabe, deren schicksalhafte Größe jeden von Euch auf das Höchste verpflichtet. Hier gibt es kein Ausweichen und kein Operieren, hier gilt es zu stehen, zu halten oder zu sterben."

Anders als in populären Darstellungen zu lesen, wurden die deutschen Verteidiger nicht im Schlaf überrascht. Vielmehr wurden die Verbände vor Ort rechtzeitig alarmiert. Gegen die alliierte Schlagkraft waren sie indes machtlos. Dennoch leisteten die deutschen Truppen verbissenen Widerstand. Der wichtige Eisenbahn-Knotenpunkt Caen sollte von britischen Verbänden bereits am ersten Tag der Landung erobert werden, doch schlugen die deutschen Truppen die gegnerischen Angriffe mehrfach erfolgreich ab.

Die operative Panzerreserve, von der sich die deutsche Führung die Entscheidung der Schlacht versprach, kam hingegen vielfach zu spät und nur tröpfchenweise an der Küste an. Die geplante Großoffensive der Panzerdivisionen zerfiel auf diese Weise in zahlreiche zerstückelte Einzelangriffe, die kaum Durchschlagskraft entfalteten. Es mangelte vor allem am nötigen Treibstoff, sodass groß angelegte Operationen kaum möglich waren. Dabei hätte – dem Urteil von Peter Lieb zufolge – ein rechtzeitig geführter Gegenangriff der Panzerdivisionen den alliierten Divisionen durchaus gefährlich werden können. Dies zeigen auch die deutschen Angriffe auf die britischen Divisionen vor Caen, als es Einheiten der Panzer-Lehrdivision und der schweren SS-Panzer-Abteilung 101 bei Villers-Bocage gelang, mehrere britische Panzerbrigaden zu zerschlagen.

Montgomery setzte daher in den folgenden Wochen auf die zermürbende Wirkung der materiellen Überlegenheit der Alliierten und sah von weiteren waghalsigen Operationen ab. Dieser Abnutzungskrieg kostete allerdings Zeit, sodass Caen erst am 22. Juli vollständig in britische Hände fiel.

## Krieg im Heckenland

Erfolgreicher als die Briten und Kanadier waren die Amerikaner im westlichen Landungsabschnitt. Während erstere mehrere deutsche Divisionen auf sich zogen, gelang es den Amerikanern, bis zum 1. Juli die komplette Halbinsel Cotentin zu besetzen und Cherbourg zu erobern. Doch auch hier tobten verbissene Kämpfe, was vor allem mit der Heckenlandschaft der Normandie, der sogenannten „bocage“, zusammenhing. „Die gesamte Operation löste sich in eine Art Dschungel- oder Indianerkampf auf, worin der einzelne Soldat oder kleine Gruppen eine dominierende Rolle spielten“, hielt beispielsweise die 9th Infantry Division fest. Anders als den Briten, gelang den Amerikanern bei Avranches indes der entscheidende Durchbruch durch die deutsche Front. Die Operation „Cobra“ markierte den Übergang vom Stellungs- zum Bewegungskrieg und ermöglichte den rasch nach Süden und Südosten vorstoßenden Amerikanern, große Teile der deutschen Truppen in der Normandie einzukesseln. Aus diesem „Kessel von Falaise“ gelang nur wenigen deutschen Verbänden der Ausbruch, der überwiegende Teil der Soldaten ging in alliierte Gefangenschaft.

Mitte Juli war die Schlacht in der Normandie somit entschieden, die Lage für die deutschen Verteidiger nahezu hoffnungslos, zumal zeitgleich die Heeresgruppe Mitte an der Ostfront ein Debakel erlebte. Am 23. Juli meldete die Heeresgruppe B seit Invasionsbeginn mehr als 116.000 Soldaten als gefallen, verwundet oder vermisst. Nur 10.000 Soldaten waren in dieser Zeit als Ersatz eingetroffen. 400.000 Deutschen standen zu diesem Zeitpunkt mehr als 1,5 Millionen alliierten Soldaten gegenüber, 1.200 Panzer kämpften gegen mehr als 3700. Angesichts dieser Zahlenverhältnisse war der Fall von Paris nur noch eine Frage der Zeit.

Die von Hitler zu Schicksalsschlacht um die Zukunft des Reichs deklarierte Abwehr der alliierten Invasion war damit krachend gescheitert. ■

## LITERATUR

**Peter Lieb:** *Unternehmen Overlord. Die Invasion in der Normandie und die Befreiung Westeuropas*, München 2014

**Dieter Ose:** *Entscheidung im Westen 1944. Der Oberbefehlshaber West und die Abwehr der alliierten Invasion*, Stuttgart 1982

**STETIGER STROM: Spezielle Landungsfahrzeuge brachten in den ersten entscheidenden Stunden Unmengen an Material zu den Brückenköpfen** Foto: SZ Photo

### Der LAK der NVA

# Ein ganz schöner KOFFER!

**UNVERWECHSELBAR:** Der „Leicht Absetzbare Koffer" (LKA) der NVA war ein ungewöhnlich vielseitiges System, das am Ende die DDR überleben sollte. Im Bild sind verschiedene Trägerfahrzeuge mit diversen Aufsätzen zu sehen

Seine markante Form erscheint beinahe unverwechselbar. Über die Geschichte des „Leicht Absetzbaren Koffers" (LAK) ist allgemein jedoch kaum etwas bekannt. Denn aus dem einst militärischen Muster ist heute längst ein Zivilist geworden, dessen robuste Eigenschaften aber noch immer sehr geschätzt werden. Er verdankt dies vor allem einem einzigartigen Wickelsystem, aus dem Kunststoffkoffer für Lkw entstanden sind, die bis heute beinahe unzerstörbar wirken und nicht nur deshalb noch vielfältig im Einsatz sind.

Ende der 1960er-Jahre stand in der DDR kein Kofferaufbau aus nationaler Fertigung zur Verfügung, der den speziellen zukünftigen militärischen Anforderungen entsprach. Das Ministerium für Nationale Verteidigung (MfNV) erteilte deshalb dem VEB IFA Karosseriewerke Dresden im Jahre 1971 den Auftrag, eine spezielle Koffergeneration neu zu entwickeln. Unter der Leitung des MfNV hatten alle anderen Sonderbedarfsträger wie beispielsweise das Ministerium des Innern (MdI) oder das Ministerium für Staatssicherheit (MfS) ihre technisch-taktischen Forderungen (TTF) an die zu entwickelnden Koffereinheiten zusammenzutragen. Den Arbeitstitel legte man mit „Absetzbarer Koffer in Behälterbauweise" (KB) fest.

Innerhalb der vom Dresdner Stammbetrieb geführten IFA-Karosseriewerke wurde diese Aufgabe an das Karosseriewerk Halle (KWH) vergeben. Finalproduzent sollte später das Karosseriewerk Aschersleben (KWA) werden. Ausschlaggebend hierfür war, dass das KWH eine leistungsstarke Entwicklungsabteilung hatte und über einen ebensolchen Versuchs- und Musterbau verfügte. Darüber hinaus hatte sich das KWH bereits zuvor an Projekten für Sonderbedarfsträger beteiligt. Dazu gehörte beispielsweise der Ural-Planenkoffer, der inzwischen in der Serienproduktion stand.

Um aber auch fundierte und neueste Erkenntnisse einfließen zu lassen, bestanden

Fotos: Günter Poley

Anfang der 1970er-Jahre entstand in der DDR ein vielseitiges und innovatives Kofferaufbau-System für Lkw, welches in dieser Art seinesgleichen suchte – und bis heute nachgefragt wird

Von Udo Behl und Ulrich Braumann

vonseiten des KWH gute Verbindungen zur Hochschule für industrielle Formgestaltung Burg Giebichenstein und hier besonders zum Bereich „Naturwissenschaftliche und technische Grundlagen“. Der Leiter dieses Bereiches, Günter Weber, lehrte unter anderem in den Fächern Hochpolymere und synthetische Werkstoffe (HPS) sowie Werkstoffverhalten und Konstruktion. Seine beiden Mitarbeiter Klaus Arndt und Scharnowski verbanden herkömmliche und progressive Bauweisen mit neuen Konstruktionswerkstoffen und untersuchten diese auf ihre Eignung.

Nach Abschluss der Konzeption lagen 160 TTF vor, die eine Typenreihe vorsahen, deren Varianten nur durch die Länge und die Nutzlast unterschieden werden sollten. Diese mussten dann autarke Einheiten sein, ausgerüstet mit eigener separater Energieversorgung sowie Heizung und Belüftung. Es musste also ein universelles Transportsystem sein, das man unabhängig vom Trägerfahrzeug einsetzen konnte.

## Robust und vielseitig einsetzbar

Deshalb sollte der Koffer so gestaltet werden, dass er mit bordeigenen und bordfremden Mitteln absetzbar war. Ein Koffersystem, das weiterhin schwimmfähig, eingrabefähig, druckwellenbeständig und natürlich hermetisierbar gegen chemische und bakteriologische Kampfstoffe sein sollte. Gesucht wurden eine möglichst robuste Bauweise und ein Konstruktionswerkstoff, der sowohl eine rationelle Fertigung ermöglichte als auch die zahlreichen Vorgaben erfüllte. Man entschied sich für glasfaserverstärktes ungesättigtes Polyester (GUP). Zunächst mussten die Verantwortlichen gemäß der Straßenverkehrs-Zulassungsordnung (StVZO) die grundlegenden Querschnittsabmessungen festlegen. Das galt hinsichtlich des Bahntransports, denn die Lademaße der Deutschen Reichsbahn (DR) waren einzuhalten. Die Höhe der Plattformwagen der DR legte

**1 ERFOLGREICH:** Entwicklung und Produktion des LKA bereiteten der DDR einige Schwierigkeiten, das Ergebnis aber konnte überzeugen

**2 RETTER:** Als Verwundetentransporter konnte der LAK bis zu zwölf Personen transportieren (neun liegend, drei sitzend)

**3 MARKANTES MERKMAL:** Die Doppelflügeltür des LAK Med

**4 FÜR DIE WARTUNG:** Diese Klappe ermöglichte einen Zugang zur Warmluft-Heizung und saß an der linken Außenseite

**5 FAHRENDE WERKSTATT:** Heckansicht eines LAK II, der als Werkstattkoffer MTO-IV auf einem IFA L 60 saß

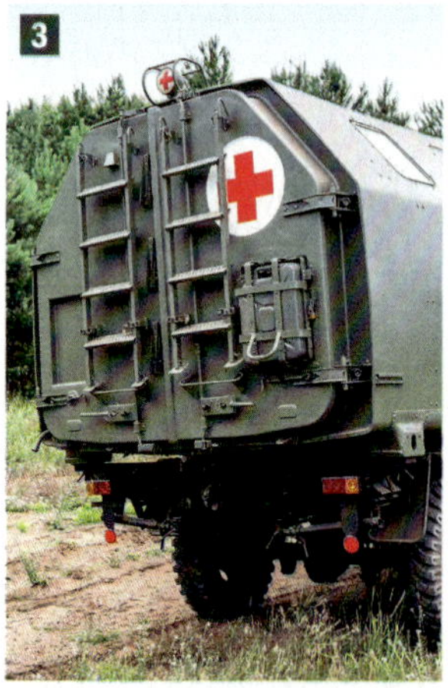

Fotos: Günter Poley

**1 ALT UND NEU:** Links ist der Robur 0611 A mit LAK I zu sehen, rechts der modernere Robur LO 1801 A

**2 PROTOTYP:** Der Robur 0611 A diente mitsamt des Funktionsmusters LAK I als Prototyp. Die Kantengestaltung ist bei diesem Muster noch rund

**3 FORTSCHRITT:** Das erste Versuchsfahrzeug auf Basis des IFA W50. Dieses erste LAK-Muster verfügte über eine integrierte Absetzeinrichtung

dabei die Fahrgestellhöhe des mit dem Leerkoffer belasteten Fahrgestells fest. Ein rechteckiger Querschnitt des Aufbaus, welcher eine Platten- oder Baugruppenbauweise begünstigt hätte, war damit nicht mehr möglich. Weiterhin ging es natürlich auch um Faktoren wie Materialeinsatz, Herstellungstechnologie und Vorrichtungsaufwand. Wegen der möglichst variablen Anordnung der Ausschnitte für Klappen, Türen und Fenster kam man zur Massivbauweise. So wurde als Vorzugsvariante die Ringbauweise erkannt und am 28. März 1972 auch vom Auftraggeber bestätigt.

Eine universelle Einsetzbarkeit schloss auch alle Transportmöglichkeiten ein. Neben dem Ziehen des Koffers über kurze Entfernungen auf Kufen oder einer Gleitwanne kam es beim Transport über weite Strecken auf eine sichere Verbindung zwischen Koffer und Trägerfahrzeug an. Weltweit hatte sich Mitte der 1960er-Jahre das Container-Umschlagsystem mit Anschlusspunkten nach ISO-Standard durchgesetzt. Container-Umschlagplätze gab es auch in Halle schon vor 1970. Transportfahrzeuge neben der Bahn waren hier vorrangig Sattelauflieger ausländischer Produktion. Alles sprach dafür, dieses Anschlusssystem zu übernehmen. Nachdem die Kfz-Erprobungsstelle der NVA in Stahnsdorf bereits 1969 untersucht hatte, ob sich der IFA W50 LA/A als Zehn-Fuß-Container-Trägerfahrzeug eignet, nutzte die Wurzener Firma Deckwerth dieses System für ihren absetzbaren Schrägdach-Container für besondere Bedarfsträger ab 1972, allerdings in sehr geringer Stückzahl. Als Trägerfahrzeug für diesen Container war der IFA W50 LA/A anstelle einer Pritsche mit Querträgern versehen, an deren Enden die Twistlocks zur Befestigung des Koffers angebracht waren. Es gab also bereits in der Entwicklungsphase der Typenreihe Leicht Absetzbarer Koffer ein Trägerfahrzeug IFA W50 LA/A/C, welches die Anschlussmaße nach dem Zehn-Fuß-ISO-Standard hatte.

## Ein enormer Aufwand

Die in den TTF geforderte Absetzbarkeit des Koffers mit bordeigenen Mitteln stellte ein nur mit hohem Aufwand zu lösendes Problem dar. Im Gegensatz zum Kastenwagen kann man einen Kofferaufbau vom Fahrgestell trennen. Auf Wunsch einer sowjetischen Delegation und der damit verbundenen Vereinheitlichung von Aufbauten wählte man den Begriff „Leicht Absetzbarer Koffer“ (LAK). Die Betonung lag hier auf „leicht“, was durch das gewählte ISO-Container-Anschlusssystem möglich war.

Zuerst erprobte man ein mechanisches System, bei dem vier Personen unter dem Kommando einer fünften je eine Stütze bedienten. Obwohl alle Tests positiv verliefen, stimmten die Verantwortlichen dem generellen Einsatz nicht zu. Danach stellte man dem Auftraggeber eine weitere Absetzvariante vor, die aus dem Zusammenwirken von Aufbau und Trägerfahrzeug bestand. Auf dem Trägerfahrzeug war neben den Querträgern mit den Twistlocks je eine Traverse angebracht, die an den Enden hydraulische Industrieheber aufnahm. Über eine zentrale handbetriebene Hydraulikpumpe konnte die Besatzung alle Heber betätigen und den Koffer nach dem Lösen der Twistlocks soweit auf dem Fahrzeug anheben, sodass sie die seitlich in den Längsträgern des Koffers angeordneten Stützen zuerst nach außen ziehen und dann nach unten schwenken konnten. Anschließend wurde diese Stellung durch ein Spannelement zwischen dem Koffer und jeder einzelnen Stütze stabilisiert.

Unter die Stützen wurden mitgeführte großflächige Unterlagen aus Holz gelegt und geringe Unebenheiten im Gelände durch Schraubverstellungen ausgeglichen. Durch Absenken der einzelnen Heber wurde das Fahrgestell frei und konnte vorgefahren werden. Der Koffer blieb aber jetzt in der ursprünglichen Höhe stehen. Ein weiteres Absenken war nicht möglich. Die stets mitgeführte Leiter ermöglichte dann den Zugang. Zur besseren Wiederaufnahme des Koffers war eine Zentriereinrichtung vorgesehen. Diese Lösung funktionierte recht gut, genügte dem Auftraggeber aber jedoch nicht, der das

1

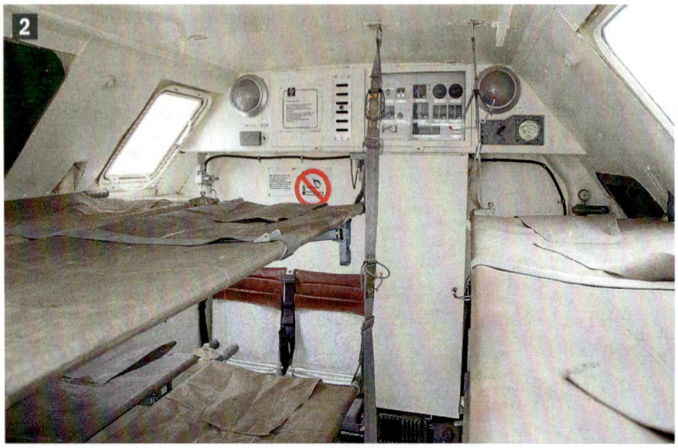

2

3

4

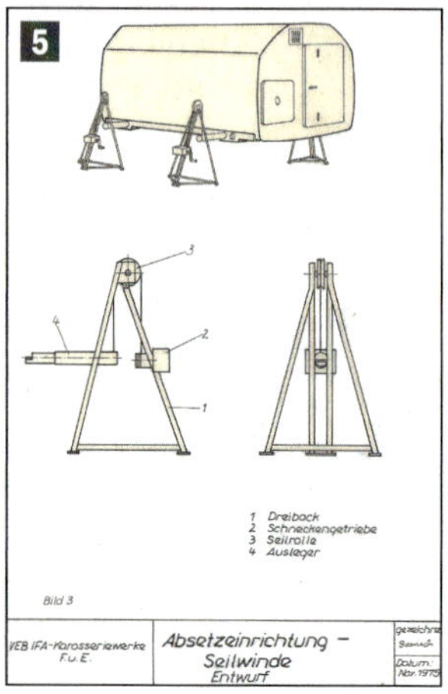


5

**1 KLASSENTREFFEN:** Robur, W50, L60 und Ural mit aufgesetzten LKA. Auch nach über 30 Jahren präsentieren sie sich in einem top Zustand

**2 FAHRENDES LAZARETT:** Hier ist der vordere Innenraumbereich der LAK-Sanitätsvariante zu sehen

**3 FÜR MECHANIKER:** Zur Ausrüstung der Werkstatt MTO-IV gehört auch dieses Zündkerzen-Prüfgerät

**4 SCHRAUBERPARADIES:** Innenansicht einer Wartungs- und Instandsetzungswerkstatt, speziell für den Kfz- und Panzerdienst

**5 ENTWURF:** Mit Skizzen wie diesen planten die Konstrukteure den künftigen LKA. Von den Vorschlägen im Bild wurde letztlich keiner umgesetzt

bodenebene Absetzen forderte. Diese Variante wurde deshalb nicht weiter verfolgt.

Eine weitere vorgestellte Lösung sah vier robuste Dreiböcke vor, an denen je eine mechanische Winde angeordnet war. Über ein Seilsystem konnte der Koffer angehoben und auch bodennah abgesenkt werden. Eine vierte Variante mit Hebelsystem stellte sodann die Erprobungsstelle Stahnsdorf mit dem Absetzen einer leeren Pritsche vor. KWH baute diese in stabilerer Ausführung für Versuchszwecke. Hierbei wurden zunächst die Ausleger in die Aufnahmen des Koffers geführt und jede Stütze durch Streben stabilisiert. Mittels Hebelsystem und mit großem Kraftaufwand konnte man den Koffer rund fünf Zentimeter pro Hebelbewegung anheben. Dabei waren pro Stütze mindestens zwei Personen notwendig, wobei die einzelnen Stützen nacheinander bedient werden mussten, um ein Verklemmen zu verhindern. Eine Person war für das Heben und die andere für das Umstecken der Steckbolzen zuständig. Abgesehen vom enormen Zeitaufwand funktionierte diese Variante im Versuch recht gut. Angesichts des nicht zumutbaren hohen Kraftaufwandes bei maximaler Gewichtsauslastung des Koffers und aus Gründen der Arbeitssicherheit wurde dieses Konzept ebenfalls verworfen.

Für die Erprobung der ersten Funktionsmuster LAK diente als Trägerfahrzeug der bereits erwähnte IFA W50 LA/A/C. Bei einem Radstand von 3,20 Metern haben die Ingenieure das Reserverad am linken Rahmenende hinter dem Kofferaufbau angeordnet. Im Jahr 1976 führte man die Serie bei der NVA ein, wobei die Truppe zunächst 25 LAK aus der Nullserie erprobte.

## Trägerfahrzeug gesucht

Im Rahmen der Entwicklung der Typenreihe O 611/D 609 im VEB Robur-Werke Zittau entstanden insgesamt sechs Funktionsmuster der Armeeausführung O 611 A/A. Die ersten beiden Fahrzeuge standen ab Januar 1975 für die Erprobungen bereit. Analog zum W50 wurde das Fahrgestell mit zwei Querträgern für das Zhen-Fuß-Containerträgersystem komplettiert und als O 611 A/AFC für Testfahrten mit LAK I im Erprobungsgelände der NVA in Horstwalde eingesetzt. Unter Verwendung des gleichen Fahrgestells entstand auch eine Ausführung mit leicht absetzbarer Pritsche (LAP) in Blechausführung. Die militärischen Tests zogen sich bis November 1979 hin, die Entwicklung der gesamten Typenreihe O 611/D 609 wurde dann 1980 eingestellt. Damit stand zunächst kein geeignetes Trägerfahrzeug für die Koffervariante LAK I zur Verfügung.

Mangels eigener Fahrgestelle importierte die DDR daher den Ural 375D und ließ diese im VEB Karosseriewerk Aschersleben mit dem Zehn-Fuß-Container-Trägersystem nachrüsten. Im Unterschied zu den äußerst verwindungsweichen Fahrgestellen der Lkw W50 und Robur kam es im Zuge der Erprobungen beim Ural aber zu Rahmenanrissen. Deshalb musste man die Verbindung des vorderen Querträgers beim Ural vollkommen anders als bei anderen Trägerfahrzeugen ausführen. Die Ingenieure entwickelten daraufhin die Schwingenlagerung, die eine größere Bewegungsfreiheit ermöglichte.

Die Serieneinführung der als Ural 375 D/C bezeichneten Fahrzeuge begann schließlich 1977/78. Ein Teil der als Werkstatt vorgesehenen Fahrzeuge erhielt einen 1,5-Mp-Vorbaukran mit Abstützung an der vorderen Stoßstange und die Bezeichnung Ural 375 D/C/K.

Um endlich für die LAK I ein geeignetes Trägerfahrzeug beim Militär einführen zu können, forderte das MfNV nunmehr das Zehn-Fuß-Trägersystem im Rahmen der Baureihe LO 2002 A. Die Arbeiten begannen im Dezember 1980 beim VEB Robur-Werke Zittau, aus deren Werkhallen ab 1984 die ersten Serienfahrzeuge des Typs LO 2002 AFC rollten. Ab 1985 fertigte Ludwigsfelde den W50 LA/A/C-1 als Trägerfahrzeug für den LAK II, nunmehr mit einem Radstand von 3,70 Metern. Die Ingenieure konnten nun das Ersatzrad hinter dem Fahrerhaus anordnen und eine Ausführung mit Vorbaukran

**SANITÄTSFAHRZEUG:** Dieser LAK I Med thront auf einem Robur LO2002 AFC

ableiten. Weitere Trägerfahrzeuge für die LAK-Typenreihe wurden mit den Ausführungen Ural 4320 C sowie Ural 4320 C/K ab 1984 und IFA L60 4x4 AC-N ab Ende 1988 wirksam. Die neueren Muster LAK III und LAK IV verlangten allerdings abermals neue Trägerfahrzeuge. Der LAK III mit Zehn-Fuß-Anschlussmaßen konnte noch auf dem HL 50.78/T15 und dessen Varianten verlastet werden. Diese Lösung setzte man beispielsweise für die Werkstatt W-1 für den Treib- und Schmierstoffdienst der NVA um. Parallel dazu erprobten die Ingenieure weitere Funktionsmuster des LAK III auf dem Fahrgestell Tatra 148C.

Für den LAK IV mit 20-Fuß-Anschlussmaß griff man auf ein Fahrgestell Tatra T 815 PR3/C 6x6 zurück. Ob diese Ausführung tatsächlich als Trägerfahrzeug in der NVA vorgesehen war, ist bislang unklar. Als Fahrgestell für Baustellen sicher geeignet, sprechen der sehr lange Radstand und die kleine Bereifung mit Zwillingsrädern gegen einen militärischen Geländeeinsatz.

## Serienanlauf LAK

Mit fortschreitender Konstruktion und Erprobung der ersten Funktionsmuster ab 1974 drängte sich die Frage nach dem zukünftigen Produzenten der neu geplanten Typenreihe absetzbarer Kofferaufbauten auf. Erfahrungen in der Fertigung von GUP-Teilen aus Polyesterharzen lagen beispielsweise im VEB Schiffswerft Rechlin vor. Seit 1968/69 fertigte man für den Schiffbau der DDR Sanitärzellen, Rettungsflöße, Türblätter für Kühlzellen und andere Bauteile aus GUP. Der VEB Kraftfahrzeugwerk Werdau entwickelte 1967 einen Sattelauflieger für den Milchtransport mit Thermoplastbehälter. Auch ein ab 1970 in der NVA eingeführter Wasser-Transportanhänger besaß einen Behälter aus Glasfaser-Polyester. In der gesamten DDR gab es jedoch kein Karosseriewerk, das jemals einen kompletten Fahrzeugkoffer aus GUP im patentierten Wickelverfahren in Serie produziert hatte.

Die Rohkoffer sollten im VEB Glasseidenwerk Oschatz vom Band laufen. Das Glasseidenwerk Oschatz, zwischen 1960 und 1966 komplett neu errichtet, war ein Betrieb, der zum Ministerium für Glas- und Keramikindustrie gehörte und über keinerlei Erfahrungen im Karosseriebau verfügte.

Die Rohkofferfertigung in Oschatz umfasste das Wickeln der einzelnen Ringelemente, deren Aneinanderreihung und Stoßverklebung zur Kofferröhre, das Einsetzen der vorderen und hinteren Stirnwand und die Verklebung der unteren Längsträger mit den integrierten Anschlusspunkten zum Aufsetzen und Verriegeln mit der Hülle. Stirnwände und Längsträger stellten Kooperationspartner des KWA her. Die so entstandene Rohkofferhülle wurde zum KWA transportiert und hier weiter komplettiert. Ausgeliefert wurden vom KWA dann sowohl komplett ausgerüstete LAK-Varianten als auch LAK nur mit Grundausrüstung.

Schlussendlich verlagerte man die Produktion der Rohkofferhüllen nach Schwedt in die Militär-Strafvollzugseinheit der NVA, wo man einem eigenen Betriebsteil des VEB Instandsetzungswerk Pinnow einrichtete. Mit der Übergabe einer neuen Fertigungshalle im Jahr 1982 waren die Voraussetzungen für wachsende Stückzahlen gegeben. Die Pläne sahen für 1983 eine Produktion von 150, für 1985 gut 550 und ab 1986 dann jährlich 800 Rohkofferhüllen vor. Durch Angaben auf den Typenschildern noch vorhandener LAK sind für die Jahre von 1984 bis 1988 durchaus Stückzahlen von 400 bis 500 LAK pro Jahr nachzuweisen.

## Zahlreiche Arbeitsschritte

Als Finalproduzent und Ausrüster für die LAK-Fertigung fungierte der VEB Karosseriewerk Aschersleben (KWA). Für jede Rohkofferhülle wurde durch das IWP mittels eines Zertifikats die geforderte Qualität bestätigt. In Aschersleben wurden die aus Oschatz beziehungsweise Schwedt angelieferten Rohkofferhüllen zu Grundkoffern komplettiert. Zur weiteren Aussteifung der Kofferhülle diente ein spezielles Schienensystem aus Aluprofilen, das gleichzeitig für die Befestigung der vorgesehenen Inneneinrichtungen diente. Weitere Arbeitsschritte umfassten die Ausschnitte für vorgesehene Öffnungen, den Einbau des speziellen Befestigungssystems, die Ausrüstung der Dachschrägen mit Fenstern, die Montage der Türen und Klappen sowie die Be- und Entlüftung.

Je nach Einsatzart rüstete das KWA die Koffer mit Elektroaggregaten, Batterien, Heizungsanlagen, Schaltschränken, Elektroinstallationen, Kanisterhalterungen, Aufstiegsleitern oder Filter-Ventilationsanlagen aus. Das KWA rüstete unter anderem die De- und Montagewerkstatt A2, die mechanische Werkstatt B, die A u. E-Schweißwerkstatt, den Komplex der Elektrowerkstatt EW/Akkuladestation ALS oder den geodätischen Gerätesatz GGS aus. Andere LAK wurden im VEB Robotron Radeberg oder dem VEB Nachrichtentechnik

**1 SPÄTE VERSION:** Dieser Ural-375 D/C/K diente als Trägerfahrzeug für einen LAK aus der Fertigung von 1985

**2 GESICHERT:** Hier ist der LAK-Aufnahmepunkt für das Zehn-Fuß-Container-Anschlusssystem und die verriegelte Containerbefestigung zu sehen

Magdeburg zu Nachrichtenkoffern ausgebaut. Für die beim Chemischen Dienst der NVA eingesetzten Werkstätten und Lagerkoffer auf LAK II zeichnete wiederum der VEB Labortechnik Ilmenau verantwortlich.

Vorgesehen war für den Leicht Absetzbaren Koffer eine 15-jährige Nutzungsfrist. Heute, mehr als 30 Jahre nach Produktionsende, kann man dem LAK noch immer auf Fahrzeugtreffen begegnen, einerseits im Originalzustand, oft auch noch mit sämtlichen originalen Einbauten, zumeist auf Fahrzeugen aus dem militärischen Bereich. Diese befinden sich in Sammlerhand und werden oft penibel gepflegt. Die Fangemeinde der Militärfahrzeuge weiß den LAK zu schätzen, heute natürlich außerhalb militärischer Dienstbarkeit und somit trotz chlorbuna-grüner Lackierung nur noch zivil.

Jüngst zeichnet sich auch ein ganz neuer Trend ab: Mit großem Engagement bauen Oldtimerfreunde und Geländefahrer die Koffer zu Wohnzwecken aus – mitunter auf bemerkenswert komfortablem Ausstattungsniveau, denn der LAK bietet hierfür im Wortsinne viel Raum. Gleichzeitig spielt dem LAK-Camper die Nutzlast der Trägerfahrzeuge in die Hände, die als Lkw reichlich Zuladung vertragen. Den entsprechenden Führerschein vorausgesetzt, kann man auf Robur oder W50 ganz andere Lasten transportieren als mit einem 3,5-t-Wohnmobil auf Basis eines herkömmlichen Kleintransporters. Das macht den LAK auch für Leute interessant, die sich den Traum langer Abenteuerreisen erfüllen wollen. Dass viele LAK noch heute genutzt werden, spricht für die Qualität der geleisteten Arbeit aller Beteiligten. ■

*Dieser Beitrag entstand in Zusammenarbeit mit dem Magazin* 79Oktan, *der Fachzeitschrift für Ost-Oldtimer. ISSN: 2511-5952*

AUKTIONSHAUS HERMANN HISTORICA

# Im Schlaraffenland

Das Münchner Unternehmen Hermann Historica ist eines der weltweit führenden Auktionshäuser für Militaria. Wir haben uns angesehen, wie dort Helme, Uniformen und andere interessante Objekte „unter den Hammer" kommen

Von Jens Müller-Bauseneik

**BEGEHRT:** Um den belgischen Kürrasierhelm entbrannte eine wahre „Bieterschlacht"

Alle Objekt-Fotos im Artikel: Copyright Hermann Historica GmbH

**LIEGEN GEBLIEBEN:** Für die Napoleon-Büste und den Roter-Adler-Orden fand sich in der „Auktion 96" vorerst kein Käufer

Wenn das Militär in die Schlacht zieht, sollte man als Zivilist tunlichst sehen, dass man großen Abstand gewinnt. Es sei denn, es handelt sich um eine „Schlacht" der ganz anderen Art. Eine, in der die Welt des Militärs friedlich bleibt, vergangene Zeiten aufleben lässt und Begehrlichkeiten weckt: nach funkelnden Orden, glänzenden Säbeln oder farbenfrohen Uniformen. Wer in diese Welt eintauchen möchte und das nötige Kleingeld mitbringt, kann solche Stücke kaufen, von Privathand, beim Militaria-Händler – oder auf Auktionen, wo Kaufinteressenten die Gebote möglicher Konkurrenten übertreffen müssen. Nervenkitzel garantiert!

Solche „Bieterschlachten" kann man regelmäßig beim Münchner Auktionshaus Hermann Historica erleben. Viermal pro Jahr kommt dort alles unter den Hammer, was das Herz des Sammlers höherschlagen lässt: von Waffen und Rüstungen aus der Antike, über neuzeitliche Schusswaffen bis hin zu militärischen Objekten aller Art, die zeitlich vom 18. Jahrhundert bis zum Ende des 20. Jahrhunderts reichen. Daneben handelt das Auktionshaus auch mit zivilen Stücken, vor allem aus den Bereichen Asiatika, Antiken und Kunsthandwerk.

Anfang Mai 2023 ist es wieder soweit: In den Räumen von Hermann Historica geht die „Auktion 96" über die Bühne. Nicht weniger als 5.000 Objekte („Lose") stehen zum Verkauf, in einem wahren Auktionsmarathon, der sich über fünf Tage hinzieht. Viel zu tun für die rund 30 Mitarbeiter des Unternehmens, die sich diesmal auf eine der beiden jährlichen Präsenzveranstaltungen vorbereitet haben. Das heißt, Interessenten sind ausdrücklich eingeladen, das Geschehen nicht nur am heimischen Computer zu verfolgen, sondern persönlich vorbeizuschauen und per Handzeichen mitzubieten – ganz so, wie man es von einer „klassischen" Auktion erwarten würde. Die übrigen beiden Veranstaltungen finden nur online statt, ohne anwesendes Publikum.

Früher waren die Präsenzauktionen die Höhepunkte im Jahresverlauf, hier durfte

**HEILIGE HALLEN: Blick in den Hauptsaal, in dem auch die Auktionen über die Bühne gehen. Die Räumlichkeiten des Unternehmens befinden sich in einem Gewerbegebiet vor den Toren Münchens (unten)** Fotos: Markus Fegg

man regelmäßig die interessantesten und umfangreichsten Angebote erwarten. Aber die Zeiten haben sich geändert. „Spätestens seit Corona sind die Unterschiede fließend geworden", sagt Stefan Schreyer, Geschäftsführer des Unternehmens. Er beobachtet den Trend, dass die Onlineauktionen in ihrer Bedeutung gestiegen sind und dafür „ebenso hochwertige Objekte reinkommen" – eine Folge des geänderten Konsumverhaltens. „Die Sammler haben sich daran gewöhnt, dass man bequem auch über das Internet bieten und kaufen kann. Wir erzielen tolle Ergebnisse, aber das meiste läuft eben online. Dadurch kommen leider immer weniger Leute persönlich hierher."

## DAS UNTERNEHMEN

**Hermann Historica GmbH**
Bretonischer Ring 3
85630 Grasbrunn bei München
www.hermann-historica.de

An diesem Tag sind es noch acht Personen, die in den Stuhlreihen des weitläufigen Auktionssaales Platz genommen haben. Sie dürfen eine überwältigende Kulisse genießen: Ringsherum türmen sich die zum Verkauf stehenden Objekte, sie bevölkern Regale, füllen Vitrinen, schmücken Wände; diverse Vorräume bieten ein ähnliches Bild. Wohin man schaut: Überall wetteifern außergewöhnliche Stücke um Aufmerksamkeit, aus jeder Richtung weht einen der Atem der Geschichte an – ein Schlaraffenland für Militaria- und Antiquitätensammler.

Hinten links werden auf einer Leinwand nacheinander die Lose gezeigt, daneben steht der Auktionator hinter seinem Pult. Vor ihm

**HERR DER GEBOTE:** Der Auktionator in seinem Element. Pro Stunde kommen bei ihm und seinen Kollegen Dutzende Objekte „unter den Hammer“ Foto: Hermann Historica GmbH

**PRÄSENZAUKTION:** Hinten links warten die persönlich anwesenden Bieter auf spannende Lose Foto: Hermann Historica GmbH

**BLICKFANG:** Dieser französische Offiziershelm fand für 4.600 Euro einen neuen Besitzer Foto: Jens Müller-Bauseneik

ist eine Kamera aufgebaut, die das Geschehen live ins Internet überträgt – wer online bietet, muss sich mit diesem Eindruck begnügen. Dezent im Hintergrund warten ein halbes Dutzend Mitarbeiter an Bildschirmen und Telefonen auf eingehende Gebote. In den vergangenen Tagen standen zunächst die älteren Epochen samt der „Schusswaffen aus fünf Jahrhunderten“ auf dem Programm, am 11. Mai sind nun die „Orden und Militaria bis 1918“ an der Reihe.

## Gebote im Sekundentakt

Punkt 10 Uhr geht es los. Aufgerufen wird Los Nr. 3001, ein Malteserorden aus dem 20. Jahrhundert. „Startpreis 250 Euro“ verkündet der Auktionator – und bekommt fast zeitgleich von einem der Mitarbeiter angezeigt, dass online ein höheres Gebot eingegangen ist. Die in kleinen Sprüngen nach oben kletternden Beträge werden in wechselnden Farben auf der Leinwand eingeblendet, bei 320 Euro ist aber schon Schluss. „Wer bietet mehr? … 320 zum Ersten, zum Zweiten und zum …“ Wo das „Dritten!“ erschallen sollte, schlägt der Auktionator kurzerhand auf das Pult, nicht mit einem Hämmerchen, sondern mit seinem Stift. Praktisch, denn so muss er ihn nicht aus der Hand legen und kann sofort den Endpreis und die Bieternummer des Käufers notieren. Zeit ist kostbar, schließlich sollen heute mehr als 600 Lose „unter den Hammer“ kommen.

Die nächsten Orden aus dem Sudan, Syrien und Ägypten erweisen sich als Ladenhüter, niemand bietet darauf. Los Nr. 3009, ein Konvolut aus fünf bulgarischen Auszeichnungen, stößt dann wieder auf Interesse – erstmals auch bei den Sammlern im Saal: Beim Startpreis von 300 Euro hebt einer die Hand, wird aber von einem Konkurrenten online schnell überboten. Für 560 Euro gehen die Stücke am Ende an den Unbekannten aus dem Internet.

## Ein Markt in Bewegung

Gut möglich, dass sie bei anderer Gelegenheit einen höheren Betrag erbracht hätten – oder auch gar keinen. „Das ist halt ein Tagesgeschäft“, meint dazu Stefan Schreyer, „Objekte erzielen unterschiedliche Preise an verschiedenen Wochentagen, das ist nicht vorhersehbar. Manchmal gibt es ganz tolle Sachen, bei denen wir mit vielen und hohen Geboten rechnen, und dann bleiben die liegen. Das kann immer passieren.“

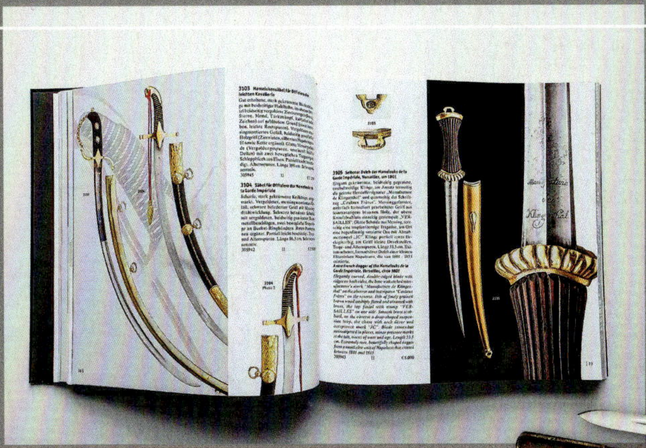

**OPULENT:** In den Katalogen ist jedes Objekt genau beschrieben; die Online-Variante bietet noch zusätzliche Abbildungen

Foto: Jens Müller-Bauseneik

**BESCHWINGT:** Der badische Artilleriehelm war mit 1.300 Euro angesetzt, der Käufer musste noch 700 Euro drauflegen

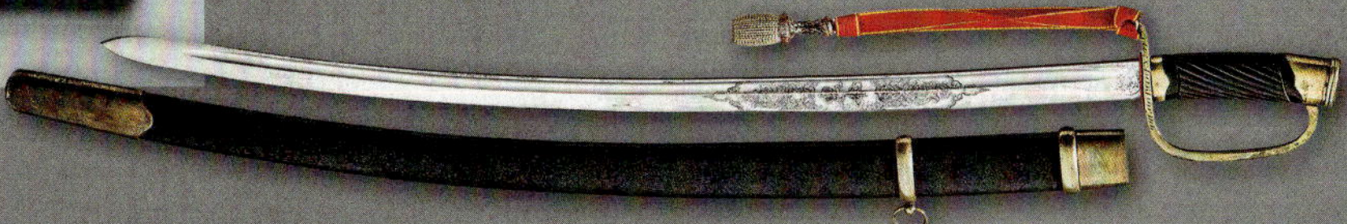

**GLÄNZEND:** Dieser Dragoner-Schaschka für russische Offiziere ging zum Startpreis weg – für sagenhafte 12.000 Euro

**EXTREM SELTEN:** Der auf der obigen Katalogseite gezeigte „Mamelouk"-Dolch einer Eliteeinheit Napoleons im Original

**KLEIDSAM:** Für den gut erhaltenen sächsischen Waffenrock wollte niemand 1.200 Euro ausgeben; mit Uniformen läuft es derzeit etwas schwierig

HINTERGRUND

## EINLIEFERN UND VERKAUFEN

Wer ein historisches Objekt veräußern möchte, kann es persönlich in den Geschäftsräumen von Hermann Historica vorbeibringen oder auch per Post schicken. Der für den jeweiligen Bereich zuständige Experte nimmt es entgegen und begutachtet es im Beisein des Eigentümers (oder informiert diesen per Telefon). Wenn das Objekt für eine Auktion geeignet ist, wird ein Startpreis vorgeschlagen und letztlich festgesetzt. Das Objekt wird an Hermann Historica übergeben, bleibt aber vorerst Eigentum des Einlieferers. Dieser erhält einen Einlieferungsvertrag, mit dem das Objekt dann auch versichert ist.

Anschließend wird das Objekt vom Experten genau beschrieben und in den Katalog aufgenommen. Der Einlieferer bekommt einen Versteigerungsvertrag, in dem die Losnummer des Objektes in der Auktion vermerkt ist. Wird es dort versteigert, gehen 20 Prozent des erzielten Betrages an Hermann Historica. Findet das Objekt keinen Käufer, so wird es einige Wochen im Nachverkauf erneut angeboten und kann nun direkt zum Startpreis erworben werden. Bleibt auch diese Möglichkeit ungenutzt, so wandert das Objekt automatisch in die nächste Auktion, nun mit einem um zehn Prozent verminderten Startpreis.

Der Markt ändert sich über die Jahre, Schwerpunkte verschieben sich. „Der ganze Ritterbereich hat ziemlich nachgelassen", so Schreyer. Bedingt durch eine veränderte Käuferschicht seien die erzielbaren Preise runtergegangen. Auch mit den Antiken sei es schwieriger geworden. Tongefäße, Statuen und dergleichen sind in den Katalogen von Hermann Historica immer weniger vertreten. Grund sind die internationalen Kulturgut-Rückführungsgesetze, die einen Handel mit solchen Objekten erschweren.

Außerdem ist da noch das Problem der Fälschungen. Um solche erkennen und die Herkunft eines Stückes möglichst genau bestimmen zu können, beschäftigt das Unternehmen Experten für die verschiedenen

**FLEXIBEL UND STANDFEST:** Das Auktionspult wartet neben antiken Tresoren auf seinen Einsatz Foto: Markus Fegg

**MIT ALLER VORSICHT:** Geschäftsführer Stefan Schreyer präsentiert einen silbernen Helmadler aus Russland Foto: Jens Müller-Bauseneik

**IM KOMMEN:** Objekte aus der Kolonialzeit werden derzeit hoch gehandelt. Diese Askari-Statue war einem Sammler 10.000 Euro wert

**REPRÄSENTATIV:** Für diese Bronzebüste Kaiser Wilhelms II. konnte das Auktionshaus „nur" 1.500 Euro erzielen

**PROMINENT:** Das Kriegstagebuch von *Emden*-Kapitän Hellmuth von Mücke erbrachte 4.200 Euro

Sammlungsgebiete. Sie begutachten jedes eingelieferte Objekt und entscheiden darüber, ob es in die nächste Auktion aufgenommen wird oder nicht; im Zweifelsfall werden auch schon mal wissenschaftliche Materialuntersuchungen in Auftrag gegeben. In der Regel reichen freilich der eigene Erfahrungsschatz und die umfangreiche firmeneigene Bibliothek aus, um ein Objekt hinreichend genau beschreiben zu können. Am Ende steht jeweils ein kurzer, prägnanter Text, der alle wesentlichen Merkmale, zuweilen auch den geschichtlichen Hintergrund sowie – falls bekannt – die individuelle Herkunft des Stückes beleuchtet.

## Hochglanz im Katalog

Im nächsten Schritt wird es von allen Seiten fotografiert. Dafür gibt es bei Hermann Historica gleich zwei Fotostudios: eines liegt direkt neben der streng gesicherten Waffenkammer (weil man die Schusswaffen nicht unnötig durch die verzweigte Unternehmensetage tragen will) und ist allein den Musketen, Pistolen und Gewehren vorbehalten. Im anderen Studio werden alle übrigen Gegenstände abgelichtet. Derart dokumentiert, sind die Objekte schließlich schon Wochen vor den Auktionsterminen in opulenten Katalogen zu bewundern, als hochwertige Druckausgabe oder online auf der firmeneigenen Homepage. Regelmäßig per E-Mail verschickte Newsletter und gedruckte Flyer sind weitere Mittel, um Zehntausende Stammkunden auf die Highlights der kommenden Veranstaltungen aufmerksam zu machen.

So kann jeder Sammler schon im Vorfeld gedanklich „einkaufen gehen" und auch bereits ein konkretes Gebot einreichen. Das

## BEEINDRUCKENDE ZAHLEN

- In den 1950er-Jahren gegründet
- Rund 30 angestellte oder freie Mitarbeiter
- Über 40.000 Kunden aus aller Welt
- Pro Jahr vier mehrtägige Auktionen
- Jede Auktion umfasst Tausende Objekte
- Im Frühjahr 2024 findet die 100. Auktion statt

**SPITZE:** Von allen Stücken der bulgarischen Ordenssammlung erreichte dieses den höchsten Preis: 21.500 Euro!

**HOCHKARÄTIG:** Das Ordensset mit Losnummer 3585 ging an einen zahlungskräftigen Kunden im Saal

**GALERIE:** Sämtliche Objekte lassen sich eine Woche vor der Auktion besichtigen

Foto: Markus Fegg

**ÜBERWÄLTIGEND:** Stücke aus der umfangreichen Ordenssammlung – schiere Pracht, wohin man schaut

Foto: Jens Müller-Bauseneik

**WARTEPLATZ:** Wie fünf weitere Napoleon-Figuren suchte auch diese einen neuen Besitzer. Die erzielten Preise werden nach Auktionsschluss veröffentlicht

Foto: Markus Fegg

hat der Auktionator dann vorliegen, wenn das Objekt aufgerufen und schrittweise in die Höhe getrieben wird. „1.150 Euro sind online geboten – ich habe 1.200 schriftlich bei mir" heißt es dann beispielsweise. „1.300 jetzt geboten – 1.400 bei mir. Wer geht höher?"

Am spannendsten wird es, wenn um besonders begehrte Stücke regelrechte Bieterschlachten entbrennen. Etwa bei Los Nr. 3074, ein belgischer Helm M 1831 für Kürassiere, um den sich mehrere Interessenten online und weitere zwei am Telefon reißen. Die Gebote der Anrufer werden von den Mitarbeitern an den Auktionator übermittelt und gleichzeitig ins System eingegeben. Vom Startpreis 400 Euro geht es rasch auf 2.200 Euro hoch, dann im Sekundentakt auf 2.300, 2.400, bei 2.700 fällt die Entscheidung für einen der Telefonbieter. Die Szene wird sich so ähnlich noch Dutzende Male an diesem Tag wiederholen und die Kommentare der Mitarbeiter am Hörer verraten die internationale Zusammensetzung der Kundschaft: „Congratulations, this is yours" wird der Käufer beglückwünscht, „Sorry" heißt es bedauernd zum Überbotenen.

## Kunden aus aller Welt

Wenn am nächsten Tag die „Orden und Militaria ab 1919" an der Reihe sind, dürfte die Beteiligung aus dem Ausland noch einmal zunehmen, denn gerade dieser Bereich „lebt von der internationalen Kundschaft", sagt Geschäftsführer Stefan Schreyer. Das gelte vor allem für Objekte aus dem „Dritten Reich". Amerika und Russland waren hier traditionell die führenden Märkte, „aber die sind jetzt auch schon ziemlich satt. Der asiatische Markt ist dagegen im Kommen, wirft aber auch einige Probleme auf"; insbesondere mit der Zahlungsmoral stehe es nicht immer zum Besten.

Auch der Krieg in der Ukraine hinterlässt Spuren. Militaria und Kunst kann man derzeit aus Russland wegen des verhängten Embargos nicht mehr beziehen, andererseits kann man von dort kein Geld überweisen. Und was an Ikonen und Orden noch in den hiesigen Magazinen schlummert, „bringt nicht mehr die Preise wie früher", so Schreyer. „Die Kunden sind zurückhaltender geworden."

Ganz anders das allgemeine Bild bei den Militaria bis 1918. „In diesem Bereich verzeichnen wir momentan die höchsten

**WEHRHAFT:** Den alliierten Fliegerhelm aus dem Ersten Weltkrieg sicherte sich ein britischer Bieter aus dem Saal für 720 Euro

**EISERN:** Solche Grabenpanzer laufen derzeit besonders gut; dieses italienische Stück wurde für 6.200 Euro verkauft

**AUFGEREIHT:** Antike Gewehre und Schilde sind in den Räumen auffällig platziert. Das Segment „Alte Waffen“ gehört nach wie vor zu den umsatzstärksten Verkaufsfeldern von Hermann Historica Foto: Markus Fegg

**RUSTIKAL:** Objekte aus dem Ritterbereich werden zwar noch nachgefragt, erreichen aber nicht mehr die Preise wie in früheren Jahrzehnten Foto: Markus Fegg

Zuwächse. Und was besonders gut läuft, sind Stücke zur Kolonialgeschichte.“ Aufgrund der überschaubaren Einlieferungen findet man dazu in jeder Auktion nur eine Handvoll Objekte, doch die gehen weg wie geschnittten Brot. Und erzielen zum Teil Traumpreise: Eine Askari-Statue, angesetzt mit 2.000 Euro, wechselt am späten Nachmittag für 10.000 Euro den Besitzer. Stunden zuvor hatte eine nicht minder repräsentative Büste Kaiser Wilhelms II. nur 1.500 Euro eingebracht. Und eine lebensgroße Bronzebüste von Napoleon I. (Startpreis 3.000 Euro) hatte gar keinen Käufer gefunden – obwohl sie im Vorfeld als einer der Höhepunkte dieser Auktion angepriesen worden war.

Freilich, der Korse ist hier auch gleich sechsmal als Figur vertreten; wer ihn sich auf den Schreibtisch stellen möchte, hat also eher schon die Qual der Wahl. Der bronzene Napoleon leidet zudem unter dem Manko, dass seine Herkunft unbekannt ist; sein ursprünglicher Besitzer bleibt im Dunklen. Der Askari hingegen war ausweislich einer Plakette am Sockel ein Abschiedsgeschenk für einen Oberstleutnant Kuhlmann, Offizier der Schutztruppe in Deutsch-Ostafrika – und hat daher ein Alleinstellungsmerkmal.

## Gänsenhaut-Faktor

„Die Geschichte verkauft das Objekt“, betont Schreyer in diesem Zusammenhang mehrfach, denn „erst sie bringt das Ganze zum Leben.“ Das könne man beispielhaft an einem Höhepunkt der kommenden Herbstauktion aufzeigen: eine verkohlte Taschenuhr, eigentlich nichts Besonderes. Der Clou daran: Sie wurde von einem Motormechaniker der *Hindenburg* getragen, als das Luftschiff am 6. Juli 1937 in Lakehurst in Flammen aufging. Es gibt sogar Fotos, die zeigen, wie der Mann schwer verletzt aus dem Wrack getragen wird; zwei Tage später ist er gestorben. Und nun bezeugt diese Uhr sein Schicksal und damit das des berühmten Luftschiffes: „Wer sich für die *Hindenburg* interessiert, kriegt dabei doch eine Gänsehaut.“

Ein weiterer Pluspunkt: Die Uhr wurde von der Familie des Mechanikers eingeliefert, ihre Herkunft lässt sich lückenlos dokumentieren. Und sie ist erstmals auf dem Markt erhältlich! „Das ist für Sammler immer besonders reizvoll“, weiß Schreyer. Selbiges gilt für ein Filetstück des morgigen Tages, wenn unter

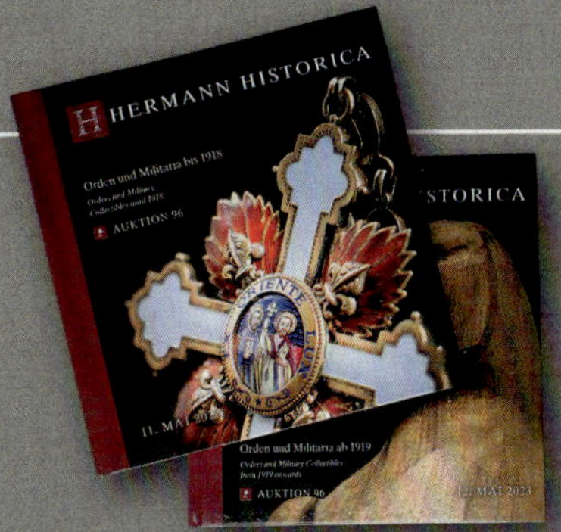


ZWEI VON FÜNF: Für jedes Auktionsgebiet wird ein eigener voluminöser Katalog erstellt

Foto: Jens Müller-Bauseneik

**VORGESCHMACK:** Die verkohlte Uhr eines Besatzungsmitglieds der *Hindenburg* ist ein Highlight der Herbst-Auktion 2023

**KEIN ORIGINAL:** Moderne Sammleranfertigungen wie diese Fahne sind in den Katalogen klar als solche ausgewiesen

**ZUR SCHAU GESTELLT:** Der bronzene Askari wetteifert mit anderen Stücken um Aufmerksamkeit

Foto: Jens Müller-Bauseneik

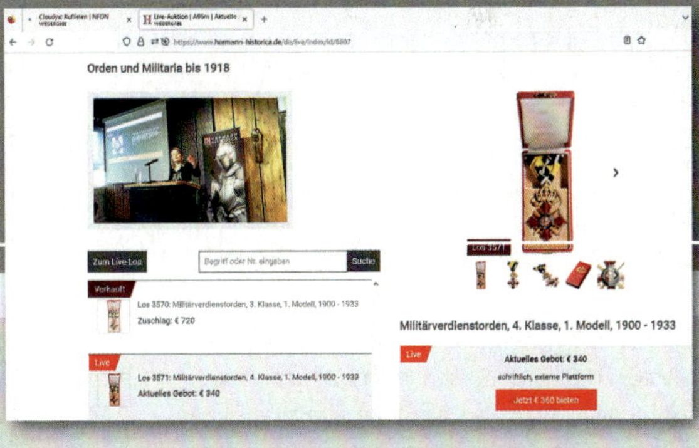


**ANSICHTEN:** Objekte in der Vitrine … und wie sie aus Sicht eines Onlinebieters versteigert werden

Fotos: Jens Müller-Bauseneik

HINTERGRUND

## DAS BIETVERFAHREN

Wer als Bieter an den Versteigerungen von Hermann Historica teilnehmen möchte, hat verschiedene Möglichkeiten:

- Als Saalbieter vor Ort an der Auktion teilnehmen: Man füllt am Empfang ein Anmeldeformular aus, bekommt eine Karte mit seiner Bieternummer – und los geht's.
- Schriftliche Gebote vor der Auktion abgeben: Hermann Historica stellt Formulare für einen Ersteigerungsauftrag bereit. Für ausgewählte Lose kann man dort Vorgebote eintragen, das ausgefüllte Formular sollte man spätestens 24 Stunden vor Auktionsbeginn per Fax oder E-Mail zurücksenden.
- Gebote online über die Website von Hermann Historica abgeben: Registrierte Kunden können solche Vorgebote auch über die Unternehmenshomepage abgeben.
- Als Telefonbieter live an der Auktion teilnehmen: Man kann sich vorab als Telefonbieter für bestimmte Lose registrieren. Ein Mitarbeiter von Hermann Historica ruft rechtzeitig zur Versteigerung dieser Lose an und gibt die ihm mitgeteilten Gebote weiter.
- Als Onlinebieter live in der Auktion mitbieten: Registrierte Bieter können sämtliche Auktionen im Internet in Bild und Ton verfolgen – und live per Mausklick mitbieten. Das funktioniert direkt über die Webseite von Hermann Historica oder auch über externe Auktionsportale (etwa „lot-tissimo“).
- Wer live mitbietet, sollte sich vorher über die Bietschritte informieren: Wenn bei einem Los 100 Euro angezeigt werden, muss das nächste Gebot mindestens zehn Euro höher sein. Bei einem Preis über 200 Euro steigt dieser Schritt auf 20 Euro, bei mehr als 400 Euro sind es schon 40 Euro und so weiter.

Detaillierte Informationen zu den einzelnen Bietverfahren und -schritten sind auf der Webseite des Unternehmens nachzulesen: www.hermann-historica.de

**ABGESCHIRMT: Objekte aus dem „Dritten Reich" werden in einem separaten Raum gezeigt** Foto: Markus Fegg

**FRÜHFORM: Dieser Stahlhelm „Modell Berndorfer" stammt aus dem Ersten Weltkrieg und zählt somit zu den „Militaria bis 1918"**

**SCHWARZ-WEISS-ROT: Die Reichsdienstflagge aus den deutschen Schutzgebieten bedient das gesteigerte Interesse an Kolonialobjekten**

„Orden und Militaria ab 1919" der Nachlass von Siegfried Westphal versteigert wird, „der einzige General, der unter drei Feldmarschällen gedient hat." Darunter sein Ordenskissen von der Beerdigung und eine Mappe mit vielen Fotos, die ihm Erwin Rommel geschenkt hatte. Auch dieses reizvolle Konvolut stammt aus Familienhand. Bei Hermann Historica wird es nun in seine Bestandteile zerlegt, jedes Stück steht einzeln zum Verkauf.

Dass der Handel mit Objekten aus dem „Dritten Reich" auch kritische Stimmen hervorruft, ist Schreyer bewusst. Zwar sorge dieser Bereich „immer noch für Aufsehen", es sei aber in den letzten Jahren ruhiger geworden. Das Unternehmen bemüht sich hier um Transparenz, auch werden in Deutschland alle relevanten Paragrafen eingehalten, die etwa das Abbilden von verfassungsfeindlichen Symbolen an strenge Auflagen binden. Wer sich zum Beispiel ohne Anmeldung auf den Webseiten von Hermann Historica bewegt, bekommt NS-Objekte gar nicht erst angezeigt. Generell befürwortet Schreyer, „dass man jetzt auch mit unserer Zeitgeschichte offener umgeht." Im Ausland werde der ganze Komplex ohnehin ganz anders bewertet, „da sieht man das einfach als Teil der militärischen Geschichte Deutschlands."

## Eine spektakuläre Sammlung

Von solchen Debatten gänzlich unberührt, wird derweil im Auktionssaal der Endspurt des heutigen Tages eingeläutet. Verteilt über 177 Lose, kommt eine bedeutende Sammlung bulgarischer Orden aus der Zeit der letzten drei bulgarischen Zaren unter den Hammer. Ein anonymer Privatmann hatte sie über Jahrzehnte zusammengetragen und trennt sich nun davon – „weil er sich verändern und noch mal etwas ganz anderes sammeln möchte", verrät Schreyer. Die seltenen und überaus hochwertigen Preziosen verbreiten ihren Glanz in mehreren Vitrinen. Wie alle anderen Lose auch, konnte man sie in der vergangenen Woche während eines mehrtägigen Vorbesichtigungstermins persönlich in Augenschein nehmen. Zwischen 100 und 10.000 Euro Startpreis ist alles dabei.

„Diese Sammlung ist wirklich spektakulär", schwärmt Stefan Schreyer. Zu seiner Freude ist eingetreten, was er sich im Vorfeld erhofft hatte: dass Kunden, die sich normalerweise eher für heimische Orden im Mittelpreissektor

**ORDENSKISSEN:** Ein Filetstück aus dem Nachlass des Wehrmachtgenerals Siegfried Westphal Foto: Jens Müller-Bauseneik

**WIDMUNGSPORTRÄT:** Das Bild zeigt Generalfeldmarschall Albert von Kesselring und war ebenfalls Teil des Westphal-Nachlasses, den die Erben an das Auktionshaus übergeben hatten Foto: Jens Müller-Bauseneik

**GROSSFORMAT:** Ein Ölgemälde mit einer Kriegsszene aus Nordafrika war in der Auktion „Orden und Militaria ab 1919" für mindestens 8.000 Euro zu haben Foto: Jens Müller-Bauseneik

**TECHNIKWUNDER:** Solche seltenen Enigma-Geräte erzielen Spitzenpreise. So auch hier: Angesetzt mit 50.000 Euro, war es dem Käufer am Ende schwindelerregende 92.000 Euro wert Foto: Jens Müller-Bauseneik

interessieren, nun auch von den bulgarischen Stücken begeistert sind und so „eine riesige Nachfrage" entstanden ist.

Das spürt man dann auch im Saal. Über alle Kanäle strömen Gebote herein, in raschen Sprüngen steigen die Preise in die Höhe. Und es wird deutlich, dass einige der anwesenden Sammler hauptsächlich wegen dieser Orden angereist sind, denn auch sie bieten nun emsig mit. Einer ist besonders aktiv, sichert sich Stück um Stück. Darunter Los Nr. 3585, ein prachtvoller Militärverdienstorden im Großkreuz-Set, bestehend aus Kreuz und Bruststern, komplett mit Verleihungsetui, Startpreis 2.500 Euro. Nach einer fieberhaften Bieterschlacht behält er am Ende den längeren Atem und erwirbt die begehrten Kleinodien für 8.200 Euro. Von der Auktionatorin (mehrere Kollegen wechseln sich über den Tag ab) gibt es dafür einen „Daumen hoch" in Richtung des glücklichen Käufers.

## Endspurt im Auktionssaal

Die prickelnde Atmosphäre solcher Auktionen kann man natürlich am besten vor Ort erleben. „Deshalb ist es schade, dass kaum noch Leute vorbeischauen", bedauert Geschäftsführer Stefan Schreyer. Den Trend zum anonymen Bieten aus der Ferne kann er „nicht wirklich nachvollziehen, denn es ist doch ein besonderes Erlebnis, sich inmitten all dieser tollen Objekte zu treffen, sich darüber auszutauschen und einen schönen Tag zu genießen." Um wieder mehr regionales Publikum anzuziehen, will er bei zukünftigen Präsenzauktionen aus dem Bereich „Kunst und Antiquitäten" ein attraktives Rahmenprogramm anbieten, „damit die Auktion wieder lebt."

Im Saal geht es auf 19 Uhr zu. Das letzte Los, ein Konvolut aus 15 bulgarischen Medaillen, wechselt für 480 Euro den Besitzer; damit ist die heutige Auktion beendet. Vor dem Publikum hat sich an diesem Tag ein Potpourri aus unterschiedlichsten historischen Objekten entfaltet, viele wurden zum moderaten Startpreis verkauft, andere haben erstaunliche Höhen erklommen. Spitzenreiter war ein Brief von Friedrich Engels, der 29.000 Euro erzielte.

Aber nach der Auktion ist vor der Auktion, morgen geht der Marathon in eine neue Runde. Dann werden 800 Lose aufgerufen, und jeder, den die außergewöhnlichen Stücke locken, kann mitbieten: „Zum Ersten, zum Zweiten und zum …" ■

MM PARK FRANCE – EIN MILITÄRMUSEUM DER BESONDEREN ART

# Museumsperle im Elsass

Militärmuseen gibt es reichlich. Der im Jahr 2017 eröffnete MM Park vermag allerdings, aus dieser Masse hervorzustechen

Von Florian Wein

**TORWÄCHTER:** Am Eingangsbereich des Museums empfängt eine deutschen 8,8-cm-Flak M31(r) die Besucher

Fotos: Florian Wein

**IMPOSANT:** Das Museum bietet eine beeindruckende Fülle an militärischem Großgerät. Hier sind US-Fahrzeuge aus dem Zweiten Weltkrieg zu sehen

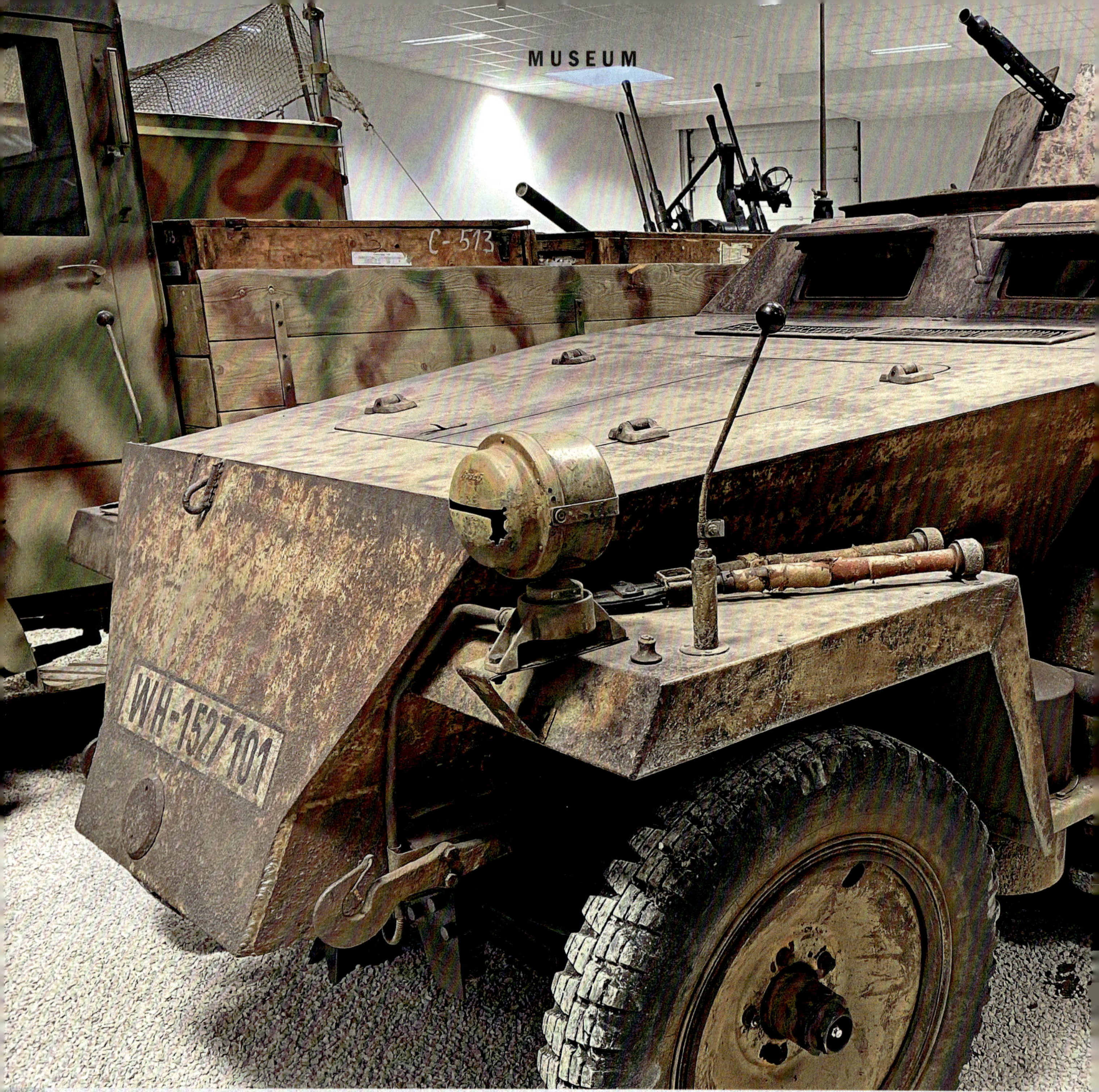


**MARKANTES DESIGN:** Auch das Sd. Kfz 250 zählt zu den seltenen Exemplaren militärischer Großgeräte

Im Elsass gibt es zahlreiche Militärmuseen. Dies ist der wechselvollen Geschichte der vergangenen 2.000 Jahre geschuldet. Immer wieder kam es zu kriegerischen Auseinandersetzungen, die ihre Spuren in der Landschaft zwischen Vogesen und Oberrhein hinterließen. Dies gilt vor allem für die Zeit zwischen 1870 bis 1945. Schlachten und Befestigungsanlagen aus diesem Zeitraum zeugen noch heute von der kriegerischen Vergangenheit. Die meisten Relikte finden sich heute in Museen. Eines dieser Museen ist der MM Park France im Industriegebiet der Gemeinde La Wantzenau nördlich von Straßburg.

Eric Kauffmann eröffnete das Museum am 1. März 2017, nachdem er es zuvor jahrelang geplant hatte. Die Sammlung entstand durch die Mithilfe seines Vaters und dank zahlreicher Geschäftsreisen nach Russland und seiner Kontakte nach Bulgarien. Mit 7.000 Quadratmetern ist der MM Park eines der größten Militärmuseen in Europa. In der zweistöckigen Museumshalle finden sich viele einmalige Schauobjekte und militärische Großgeräte. Insgesamt 120 Militärfahrzeuge und sonstige Ausrüstung bieten dem Besucher einige spannende Anschauungsobjekte.

Restauriert werden die Ausstelllungsstücke durch die hauseigene Werkstatt, die sich nur wenige Meter entfernt vom Museum befindet.

Sobald der Besucher das Museum betritt, erhält er einen Überblick über die Geschichte des Elsass' während des Zweiten Weltkriegs. Verschiedene Themenräume gehen dabei auf die Maginot-Linie, das

**„GRABENFEGER“:** Diese Vitrine zeigt gängige Maschinenpistolen der beiden Weltkriege, von der M 18 zur MP 40

**UNIFORMSAMMLUNG:** Das Museum glänzt durch eine Bandbreite zahlreicher Uniformen aller beteiligten Streitkräfte des Zweiten Weltkriegs, darunter auch zivile Uniformen wie zum Beispiel von der Hitlerjugend (rechts im Bild)

**KAMERAD LANGOHR:** Das „Maultier“ (Sd.Kfz 3B Ford V3000) sieht man in Militärmuseen nur selten

**ABSOLUTE RARITÄT:** Eine 10,5-cm-Kanone auf einem französischen Char Hotchkiss 39H(f)-Fahrgestell

Konzentrationslager Natzweiler-Struthof oder die deutsche Besatzungszeit ab 1940 ein.

Beeindruckend ist vor allem die umfangreiche Handfeuerwaffen-Sammlung, wo sich einige Raritäten wie ein FG 42 oder ein StG 44 finden. Weitere Themenräume widmen sich der bulgarischen Armee oder der deutschen Wehrmacht. Alles veranschaulicht anhand von Uniformen und Ausrüstungsgegenständen.

## Von der Panzerhaubitze zum T-34

Nach diesen Themenräumen betritt man die Fahrzeughalle, wo knapp 120 Exemplare auf die Besucher warten. Vertreten sind Großgeräte fast aller am Zweiten Weltkrieg beteiligten Nationen. Darunter finden sich auch einige Raritäten wie zum Beispiel die deutsche 10,5-cm-le-FH 18 auf einem französischen Char Hotchkiss 39(f), ein Sd.Kfz. 250 oder ein Flakscheinwerfer 34 inklusive Zugmaschine. Zahlreiche weitere Anschauungsobjekte, die in anderen Militärmuseen selten zu finden sind, lassen sich ebenfalls in der Fahrzeughalle bestaunen. Beeindruckend ist auch der sowjetische Panzer ISU-152, der im sowjetischen Fahrzeugbereich neben dem T-34 zu finden ist. Ein kanadischer M7 „Sexton", ein britischer Churchill-Panzer oder ein amerikanischer Sherman sind wiederum nur einige von zahlreichen Fahrzeugen der westalliierten Seite.

Ein ganz besonderes Highlight ist neben einem rekonstruierten deutschen U-Boot-Turm vor allem

**SCHWER-METALL:** Aus dieser Perspektive erhält man eine Ahnung vom enormen Umfang der Sammlung. Rechts sind auch sowjetische Fahrzeuge zu sehen

**ATLANTIKWALL IM ELSASS:** Ein Flugsicherungsboot der Luftwaffe in einem „nachgebauten" Bunker

**HIGHLIGHT:** Im Bereich der Kriegsmarine findet sich der Turm-Nachbau eines Typ-VII-Bootes

**„EIGENBESCHUSS":** Eine Bf 108 im Visier der 2-cm-Flak

ein Flugsicherungsboot der Luftwaffe, welches in einem nachgebauten „Becken der Kriegsmarine" zu finden ist.

Auch einige Panzerkampfwagen aus der Zeit unmittelbar nach dem Zweiten Weltkrieg beziehungsweise aus dem Kalten Krieg wie der amerikanische Flugabwehrpanzer M19, haben es in die Fahrzeughalle geschafft.

Ein interessantes Anschauungsobjekt bietet auch ein französischer Panzer vom Typ Char B1. Dieser Panzer war jahrelang Hartziel auf einem französischen Übungsplatz, ehe das Team des MM Parks den Kampfwagen rettete. Anstatt ihn zu restaurieren, beließ man den Panzer in seinem Fundzustand. So kann man aufgrund fehlender Seitenpanzerung das Innenleben dieses Panzers bestaunen.

## Nachgebaute Flak-Stellung

Im Erdgeschoss finden sich auch viele kleinere Dioramen mit militärischem Großgerät, darunter eine nachgebaute 2-cm-Flakstellung samt Flakscheinwerfer. Darüber schwebt eine Messerschmitt Bf 108.

Das Obergeschoss bietet zahlreiche Uniformen in den unterschiedlichsten Ausführungen aller am

**DARF IN KEINER PANZERSAMMLUNG FEHLEN:** Auch der T-34, hier die Version T-34/85, hat es in das Museum geschafft

**HAMMER UND SICHEL:** Diese Vitrine bietet eine Bandbreite der sowjetischen Uniformen aus dem Zweiten Weltkrieg

**PISTOLEN:** Zahlreiche Pistolen ergänzen die Handfeuerwaffen-Ausstellung

**FÜLLE AN SCHIESS-EISEN:** Vom Gewehr 43 über das FG 42 (drittes und viertes von oben) bis zum Scharfschützen-Gewehr reicht diese Sammlung

**PANZERJÄGER:** Auch der bekannte Jagdpanzer 38(t) Hetzer wird im deutschen Fahrzeugbereich ausgestellt

Zweiten Weltkrieg beteiligten Nationen. Die Spanne der Uniformen aus der Zeit des Dritten Reiches reicht von den Uniformen der Hitlerjugend bis hin zu den Uniformen der Bomberpiloten der Luftwaffe.

## „Operation Sussex"

Ein weiterer spannender Abschnitt des Museums bildet ein Raum, welcher der „Operation Sussex" (auch „Plan Sussex") gewidmet ist. In Vorbereitung auf eine mögliche alliierte Landung in Frankreich entwarfen der amerikanische Geheimdienst und die Forces francais libres diese Operation, die vorsah, alliierte Zweiertrupps per Flugzeug in Frankreich abzusetzen. Die Trupps sollten strategische Punkte identifizieren oder deutsche Truppenbewegungen per Funk nach England melden. Zahlreiche Erinnerungsstücke und Tafeln erklären den Einsatz der Zweiertrupps und den Ablauf der Mission. Sie berichten aber auch davon, was geschah, wenn deutsche Soldaten die Zweiertrupps aufgriffen. Diese kleine Teilausstellung erlaubt somit einen guten Einblick in eine unbekannte Operation des Zweiten Weltkriegs, die half, den Weg zum D-Day 1944 zu ebnen.

Im Museum verteilt finden sich auch zahlreiche „Foto-Points" an militärischen Gerätschaften wie zum Beispiel an einer 2-cm-Flak oder an einem amerikanischen Willys Jeep, wo man Erinnerungsfotos schießen kann.

**INTERESSANTES GESPANN:** Ein Zugkraftwagen mit angehängter 2-cm-Flak 38

**GROSSES KALIBER:** Auch zahlreiche Artillerie-Geschütze wie diese deutsche 10,5-cm-Kanone sind im Museum zu finden

**VOM FEIND GEFÜRCHTET:** Der 15-cm-Nebelwerfer 41 steht für den Fortschritt der deutschen Artillerie im Zweiten Weltkrieg

**FLUGABWEHR:** **Viele Fahrzeuge sind tatsächlich fahrtüchtig, so wie dieser amerikanische M19-Flakpanzer**

Einer der wenigen negativen Punkte sind die teilweise fehlenden Informationstafeln. Und selbst dort, wo sie vorhanden sind, wurden diese oftmals nicht in die deutsche oder englische Sprache übersetzt. So steht man dann oft vor Gerätschaften und Uniformen und rätselt, was man dort sieht.

Für Kinder und Jugendliche haben die Betreiber einen separaten Bereich mit Kletterparcour/Hindernisbahn, Flugsimulatoren und einem Bällebad eingerichtet, wo sich der Nachwuchs die Zeit vertreiben kann, sollte dieser Panzer und Geschütze nicht allzu spannend finden.

Im Eingangsbereich wartet nicht zuletzt ein gut sortierter Shop, der den Besuchern ermöglicht, die heimische Bibliothek zu erweitern. Wem es hingegen weniger nach geistiger, sondern nach tatsächlicher Nahrung gelüstet, hat die Möglichkeit, ein kleines Restaurant aufzusuchen.

Wie man sieht, bietet der MM Park jeder Altersklasse ein einmaliges Erlebnis und man kann dort einen ganzen Tag verbringen. Wer nach der Besichtigung des MM Parks noch nicht genug hat, kann unter anderem die Maginot-Linie oder die ehemaligen Forts der kaiserlichen Festung Strasbourg besichtigen. ■

**SELTENE VARIANTE:** Eine getarnte 3,7-cm-Kanone mit Hohlladungsgeschoss

**UNTER FREMDER FLAGGE:** Freiwilligen-Verbände anderer Nationen gab es zuhauf aufseiten der Wehrmacht. Daran erinnern diese zwei Uniformpuppen

**KAUM BEKANNT:** Diese Uniformen erinnern an den Einsatz von Gebirgsjägern im Elsass 1944/45

**SPRENGKÖRPER:** Umfangreiche Munitions- und Ausrüstungsteile ergänzen die Sammlung

INFORMATION

## DER MM PARK FRANCE

Das Museum steht an der 4 Rue Gutenberg, 67610 La Wantzenau und bietet kostenlose Parkplätze direkt vor dem Gebäude. Ein weiterer Pluspunkt ist der barrierefreie Ausbau, zu dem auch Aufzüge gehören. Weitere Infos unter: *www.mmpark.fr*

**EINTRITTSPREISE**
**Regulärer Besuch:** 11,90 Euro
**Reduziert:** 9,90 Euro (Gruppe ab zehn Personen und für Menschen mit Behinderung, Studenten und Militärangehörige)
**Kinder unter 18 Jahren**: 9,90 Euro

Kinder unter vier Jahren haben freien Eintritt.
**Im Eintrittspreis sind die folgenden Leistungen erhalten:**
Besichtigung aller Museumsbereiche im MM-Park, die „Collection Sussex“, Kinosaal, Bar, Shop, Hindernisparcours, Flugsimulator, Schießstand und Bällebad.

Das Museum ist von Montag bis Sonntag zwischen 9:00 und 18:30 Uhr geöffnet. Für den Kinderbereich gelten teilweise andere Uhrzeiten, die der Webseite entnommen werden können.

## DER MM PARK IN BULGARIEN

Wer einmal in Bulgarien ist, findet auch dort einen MM-Park. Dieser befindet sich zwölf Kilometer südlich von Warna direkt am Schwarzen Meer. Das Museum hat sich auf Uniformen, Waffen und Orden der bulgarischen Armee im Zeitraum von 1878 bis 1944 spezialisiert. Weitere Informationen zum MM Bulgaria unter: *www.mmpark.bg*

MARTIN RADONS, BENE VAN LAAK UND LUDWIG HAUBER

# DIE BOMBEN-SPÜRNASEN

**EXPLOSIVER FUND:** Männer wie Ludwig Hauber (rechts) und seine Kollegen werden aktiv, wenn alle anderen lieber das Weite suchen: Sie legen Kampfmittel aus beiden Weltkriegen frei und räumen das belastete Areal

**Beinahe 80 Jahre liegt der Zweite Weltkrieg nun zurück und noch immer lauern nicht detonierte Bomben in der Erde. Kampfmittel-Räumer spüren diese auf und beseitigen die gefährlichen Hinterlassenschaften**

Von Armin Fuhrer

Wenn Ludwig Hauber gerufen wird, ist die Situation potenziell explosiv. Das ist durchaus wörtlich zu nehmen, denn er ist von Beruf Feuerwerker. Seine Einsatzorte befinden sich immer dort, wo man Kampfmittel aus dem Zweiten Weltkrieg vermutet oder findet. Das ist meistens auf Baustellen der Fall. Auch unter Abbruchhäusern wurden schon Blindgänger gefunden, denn nach dem Krieg haben die Menschen den Schutt einfach weggeräumt und ein neues Gebäude an die Stelle gesetzt. Das Gefährdungspotenzial durch verrottete Munition ist auch fast 80 Jahre nach dem Ende des Zweiten Weltkriegs immer noch hoch. Das gilt vor allem für Großstädte wie Berlin, München, Hamburg oder Köln, aber auch für kleinere Städte, die Eisenbahn-Knotenpunkte waren oder in denen Munition lagerte.

Wie groß die über dem Deutschen Reich von den Alliierten abgeworfene Bombenlast während des Krieges war, ist schwer zu bestimmen. Experten schätzen sie zwischen 1,35 und zwei Millionen Tonnen. Rund 1000 deutsche Städte und Gemeinden haben die Alliierten damals bombardiert. Für die Menge des abgeworfenen Materials an den verschiedenen Orten waren mehrere Faktoren wie die industrielle Dichte, die Art und das Ziel des Angriffs, die Erfahrung der Bomberpiloten und die Wetterverhältnisse ursächlich. Die Rate der Blindgänger hing vom jeweiligen Bombentyp ab und lag zirka zwischen fünf und 18 Prozent. Viele der nicht detonierten Kampfmittel hat man bereits während des Krieges und vor allem in den ersten Jahren nach dem Krieg geborgen und vernichtet. Das gilt aber längst nicht für alle – viele blieben auch einfach liegen und sie lauern noch heute als potenziell tödliche Gefahr im Boden. Experten schätzen, dass es noch immer bis zu 100.000 dieser gefährlichen Überbleibsel des Krieges gibt.

Zu den Experten, die sich mit solchen Kampfmitteln auskennen, gehört auch Ludwig Hauber. Er hat keinen geraden Weg zu seinem heutigen Beruf genommen. Der

**AUCH DEUTSCHE KAMPFMITTEL:** Auf dem ehemaligen Fliegerhorst der Luftwaffe in Penzing fanden die Kampfmittel-Räumer diese SD-70-Bomben der Wehrmacht, die hier bei Kriegsende im Mai 1945 vergraben wurden

56-Jährige, der in Bad Tölz geboren wurde und bis heute dort lebt, interessiert sich für das, was unter der Bodenoberfläche liegt, schon seit 40 Jahren. Bereits mit 16 sparte er sich eine Metallsonde zusammen und machte sich auf die Suche nach den im Boden verborgenen Zeugen der Vergangenheit. Auch sein Faible für die Archäologie entwickelte sich früh und so begleitete er auch archäologische Ausgrabungen. Und dann war da noch die Faszination für die gefährlichen Reste aus dem Zweiten Weltkrieg – die Kampfmittel. „Dieses Interesse entwickelte sich auch durch meinen Vater", so Hauber. Denn einerseits sog er als Jugendlicher dessen Erzählungen über seine Zeit als Flakhelfer in München in der Endphase des Krieges auf. Andererseits arbeitete Hauber Senior 37 Jahre lang als Fire Chief auf dem Bo-Baker Airfield der U.S. Army in Bad Tölz. Die Ereignisse auf dem Flugfeld und der Betrieb weckten das Interesse des Sohns.

„Ich lernte durch die Arbeit meines Vaters Experten der U.S. Army kennen, deren Aufgabe es war, Fundstellen abgestürzter US-Piloten zu suchen. Ich durfte sie in meiner Freizeit begleiten und ihnen helfen. Das fand ich sehr spannend", erinnert sich Hauber an die Anfänge. Die Teile einer Maschine – meistens handelte es sich um US-Jagdflugzeuge vom Typ Mustang P 51 sowie um B-17- und B-24-Bomber – und die Munition, die sie an Bord hatten, können mehrere Hundert Meter verstreut im Boden liegen und eine einzige Fundstelle kann Zehntausende Einzelteile bergen. „Ich hatte auch Knochen von getöteten Piloten in den Händen", berichtet Hauber. Doch immer dann, wenn Munition im Spiel war, musste er sich entfernen, da dann eine potenzielle Explosionsgefahr drohte und nur ausgebildete Kräfte an dem Einsatz teilnehmen durften. Schließlich machten ihm die befreundeten amerikanischen Feuerwerker den Vorschlag, er solle selbst eine Ausbildung zum Feuerwerker machen, weil er dann auch bei der Bergung der Munition mitmachen durfte. Hauber gefiel die Idee.

## Das Hobby wird zum Beruf

Und so entschied er sich, aus seinem ungewöhnlichen Hobby einen ungewöhnlichen Beruf zu machen. Er absolvierte zunächst eine Ausbildung an der Dresdner Sprengstoffschule zum Sondierer, dann zum Räumarbeiter. Nach einer zweijährigen praktischen Zeit mit Einsätzen auf Baustellen, die nach Kampfmitteln durchkämmt und geräumt werden mussten, folgte der Lehrgang zum Feuerwerker. Der Feuerwerker, seine offizielle Bezeichnung im zivilen Bereich lautet eigentlich „Truppführer in der Kampfmittel-Räumung" – führt am Einsatzort als Verantwortlicher den Trupp aus bis zu zehn Sondierern und Räumarbeitern.

Hauber musste feststellen, dass die Ausbildung ziemlich anspruchsvoll ist: „Mir hat mein frühes Interesse für die Metallsuche mit Sonden sowie für Archäologie sehr geholfen." Nicht zuletzt erleichterte ihm das Bestehen der Lehrgänge auch die Tatsache, dass er zuvor einen technischen Beruf erlernt hatte. Seit etwa zehn Jahren arbeitet Ludwig Hauber inzwischen für ein auf Kampfmittel-Beseitigung spezialisiertes Unternehmen südlich von München, die längste Zeit davon als Feuerwerker. Sein Arbeitsgebiet umfasst München und einen Umkreis von etwa 100 Kilometern.

Die Regelungen für das Räumen von Kampfmitteln liegen in den Händen der Bundesländer, ähneln sich aber im Grundsatz. Verantwortlich für die „fachgerechte Recherche zur Feststellung der Kampfmittel-Freiheit bei der örtlichen Ordnungsbehörde", wie es im Amtsdeutsch heißt, ist der jeweilige Bauherr. So ist er verpflichtet, das Baugrundstück vor dem Beginn eines Bauvorhabens nach Kampfmitteln zu untersuchen, wofür er in der Regel auch die Kosten trägt. Sollten die Experten fündig werden, müssen das Gelände geräumt und die gefundenen Kampfmittel beseitigt werden. Für diese Maßnahmen übernimmt

Fotos: Hauber, Radons & Fa. Besel

**LEHRGANG:** Der Feuerwerker muss alle fünf Jahre zum Wiederholungslehrgang, die unter anderem auch eine Bomben- und Zünderschulung beinhaltet, hier in Koblenz

**DROHNENBILD:** Quadeinsatz mit Multikanal-Anhänger

**EXPLOSIVER FUND:** Feuerwerker Martin Radon vor einer 1000-Pfund-Bombe. In den Händen hält er die Zünder

**SUCHGERÄT:** Der Multikanal-Anhänger (ein Eigenbau der Firma Besel) trägt sechs Sondenstäbe inklusive einer GPS-Antenne für zentimetergenaue digitale Aufzeichnungen der Störkörper

**DETEKTIVARBEIT:** Nach den Sondierungen sind die magnetischen Störungen gut als positive (rote Punkte) oder negative (blaue Punkte) Farbpixel zu sehen

**VERGLEICH:** Das Luftbild von 1944 (rechts) und eine aktuelle Aufnahme werden übereinandergelegt. Die Sondierungsergebnisse stimmen mit den Flak-Stellungen überein

**GRABUNGSERGEBNIS:** In der Flak-Batterie bei Augsburg fanden sich 8,8-Granathülsen, Zünderbecher aus den Transportkörben, Karabiner und Flak-Anhängerteile

gewöhnlich die öffentliche Hand die Kosten. Der Begriff „Kampfmittel" ist weit gefasst. Dazu zählen sprengkräftige Kriegswaffen wie Minen, Stab-Brandbomben, Mörsergranaten, Eierhandgranaten, 8,8-mm-Panzersprenggranaten und Flakgranaten. Um diese zu lokalisieren, können die Experten verschiedene geophysikalische Verfahren mit Sonden einsetzen. Grundlage ist stets, dass sich die physikalischen Eigenschaften eines Kampfmittels vom gewachsenen Boden unterscheiden. So gibt es passive Messverfahren, bei denen Verzerrungen des Erdmagnetfeldes durch magnetische Objekte hervorgerufen werden. Aktive Verfahren dagegen erzeugen ein elektromagnetisches Umfeld, das leitfähige Strukturen im Boden darstellt. Ein weiteres Verfahren ist das Arbeiten mit einem Georadar, mit dessen Hilfe die Fachleute Störkörper im Boden durch Aussenden und Empfangen reflektierter elektromagnetischer Wellen aufspüren können.

„Für die Suche auf einem Gelände benötigt man einen scharfen Blick und möglichst viel Erfahrung", weiß Hauber aus seiner langjährigen Arbeit. Schon kleinste Verfärbungen im Kies können auf eine darunter liegende Bombe oder deren Eindringungskanal hindeuten. Um solche Hinweise besser zu erkennen, wird in den meisten Fällen zunächst eine dünne Schicht des Bodens abgetragen. Denn der Oberboden ist oft mit Müll und anderen Störkörpern durchsetzt, und das erschwert die Suche nach Metallgegenständen.

## Wertvolle Hilfe

Jeder Sondentyp hat seine spezifischen Eigenschaften. Wichtig sind aber in erster Linie Kenntnisse und Erfahrung. Hauber: „Der Sondengänger ist immer nur so gut, wie er seine Sonde bedienen kann, deswegen ist eine gute Ausbildung wichtig." Oft befinden sich die Fundstellen in einer Tiefe bis zu drei Metern. Blindgänger können immerhin, besonders in weichen Böden oder Hafengebieten, in einer Tiefe bis zu 20 Metern liegen. In solchen Fällen ist eine Bohrlochsondierung notwendig.

Bis heute nutzt man für die Suche auch Luftbilder der Alliierten aus dem Zweiten Weltkrieg. Die amerikanische und die britische Regierung haben diese Mitte der 1980er-Jahre freigegeben und an die zuständigen deutschen Landesbehörden und an private Spezialarchive verkauft. Rund drei Millionen solcher Aufnahmen haben die Alliierten angefertigt. Sie zeigen Munitionslager, Flak-Stellungen, Schießbahnen, Spreng- und Brandplätze sowie Kampfgebiete und stellen wertvolle Hinweise auf mögliche Fundstellen dar.

Große Bomben mit einem Gewicht zwischen 50 und bis zu 500 Kilogramm gehören zu den seltenen Funden und die Räumung solcher Objekte ist sehr anspruchsvoll. Sie sind nicht detoniert, weil die Zündtechnik versagt hat oder weil die Bombe aus einer zu geringen Höhe abgeworfen wurde. Aber es geht auch deutlich größer. So wurde kurz vor Weihnachten 2016 in Augsburg eine Bombe

HINTERGRUND

### RELIKTE DES ERSTEN WELTKRIEGS

Auch Karabiner und Munition aus dem Ersten Weltkrieg finden Ludwig Hauber und seine Kollegen und Kolleginnen immer wieder. Hauber: „Das findet man häufig noch heute in Gärten vergraben, weil am Ende des Ersten Weltkriegs viele Soldaten sie mit nach Hause genommen und später im eigenen Garten als Souvenir vergraben haben."

Ungefährlich sind sie nicht, denn sie fallen unter das Kriegswaffen-Kontrollgesetz und müssen daher im Fall eines Fundes abgegeben werden.

**MIT SCHWEREM GERÄT:** Freilegung einer 150 Pfund schweren US-Bombe. Durch Korrosion ist sie völlig mit dem Kies verbacken

**FREIGELEGT:** Feuerwerker haben den Zünder nach Freilegung der Bombe gereinigt und bestimmt

mit ganz besonderen Ausmaßen entdeckt, die zunächst an einen Badeofen oder ein Benzinfass erinnerte. Aber es war eine Luftmine – sie war noch grün angemalt und deutlich war noch die gelbe Aufschrift „HC 4000" zu lesen. Und diese britische Mine war ein besonderes Fundstück mit ihren 1,8 Tonnen. Trotz der Weihnachtszeit durfte keine Zeit vergeudet werden und so machten sich auch Experten wie Martin Radons vor Ort am ersten Weihnachtstag an die Arbeit und entschärften das Ungetüm. 54.000 Menschen mussten damals evakuiert werden.

Dass Blindgänger so gefährlich sind, liegt daran, dass ihr Zündsystem zwar ausgelöst wurde, aber nicht wirkte. Munition wird erst nach dem Verlassen des Rohres scharf, durch Ausschwenken, Einrasten, Lageveränderung oder Rotation der Bauteile. Auch abgeworfene Bomben mit Langzeitzündern gehören zu den gefährlichsten Funden. Der verantwortliche Feuerwerker versucht zunächst, den Zünder freizulegen und als solchen zu identifizieren. Bei einem solchen Fund müssen alle Mitglieder des Räumtrupps sofort das Gelände verlassen, weil die Gefahr einer Explosion groß ist.

Die Untersuchung ist eine heikle Sache, denn der Feuerwerker kennt den Zustand des Zünders dieser schon im Krieg besonders heimtückischen Bombe nicht. Bei Langzeitzündern ist der Schlagbolzen durch eine kleine Feder gespannt, die durch einen Sicherungsring aus Zelluloid gehalten wird. Vor der Feder liegt ein kleiner Glasbehälter mit Aceton. Da dieser beim Abwurf durch die vorgesetzte Windrandspindel zerdrückt wird, strömt das ätzende Aceton aus und zerfrisst in einem Zeitraum zwischen einer und 144 Stunden den Sicherungsring der Feder. Dann ist der Ring so weit zerstört, dass der Schlagbolzen auf das Zündplättchen saust und die Bombe detoniert. Ist sie aber in einer Art Bogenlampe mit der Spitze nach oben stehend im Boden verblieben, sind die Dämpfe alleine zu schwach. Dann kann es erheblich länger – bis zu Jahrzehnten – dauern, bis der Sicherungsring zerstört ist und der Sprengkörper ohne Fremdeinwirkung explodiert.

## Tükische Überbleibsel

Gefährlich sind auch Handgranaten, deren Bügel nicht mehr vorhanden und deren Splint verrostet sind. Minen werden in der Regel vor Ort gesprengt. „Am besten immer einen Kollegen dabei haben, den man zurate ziehen kann. Man sollte nicht denken, dass man selbst alles weiß – das ist völlig fehl am Platz", so Ludwig Hauber.

Besonders unbeliebt bei den Feuerwerkern sind auch kleine Minen mit Bakelit, einem synthetischen Kunststoff, statt Metall. Denn diese Minen wurden produziert, um das Finden im Boden mit Sonden mit Metalldetektoren zu erschweren – und sie erfüllen diese Aufgabe noch heute. Das Gleiche gilt für deutsche Glasminen, die im Zweiten Weltkrieg mit einem niedrigen Metallanteil entwickelt wurden. Und auch Phosphorbomben gehören zu den besonders unbeliebten Fundobjekten. Die englische „INC 30" verfügt hinter dem Zünder über 300 Gramm Phosphor, der sich selbst entzündet. Wenn beim Ausgraben weißer Rauch aufsteigt, weil das giftige Phosphor freigesetzt wird, hilft nur eins: schnell Sand draufschütten. Anschließend muss rundherum alles abgesperrt werden, erst danach kann man die Bombe freilegen und in einem verschlossenen Spezialbehälter deponieren.

Bei schwierigen Fällen gönnt sich der Räumtrupp nach getaner Arbeit erst einmal die Zigarette danach. „Man empfindet dann eine Art Finderglück und ist zufrieden oder vielleicht auch ein bisschen stolz, weil wir das Land wieder ein bisschen sicherer für die Allgemeinheit gemacht haben", beschreibt er seine Empfindung in solchen Momenten. Das sei eben ein gutes Gefühl.

Passiert ist Hauber und seinem Trupp bei der Arbeit noch nie etwas. Aber auch nach mehr als 20 Jahren auf Räum- oder

**INNOVATIV:** Auch dieses Gerät ist eine Eigenkonstruktion der Firma Besel-KMB

**SCHWERGEWICHT:** Die Luftmine vom Typ HC 4000 wiegt über 1.800 Kilogramm. Es ist das gleiche Modell mit drei Zündern, das in Augsburg gefunden wurde

**BETONKLOTZ:** Zu den Aufgaben der Feuerwerker gehört es auch, ehemalige Bunker zu räumen, hier auf dem Dornier-Gelände in Neuaubing. Die Wandstärke beträgt mehr als zwei Meter. Auf dem kleinen Bild links sind typische Bunkerfunde zu sehen (Waffen, Helme)

**BEI KEMPTEN:** Ludwig Hauber im Einsatz mit der Förstersonde an einer B-17-Absturzstelle

**GROSSER FANG:** Sebastian Braun vom Sprengkommando München nach erfolgreicher Entschärfung einer amerikanischen 1.000-Pfund-Bombe

Foto: KMBD Bayern

**REICHE BEUTE:** Firmeninhaber Andreas Besel (Besel-KMB, Kampfmittel-Räumung) nach getaner Arbeit. In den Transportkisten tummeln sich 600 Flak-Granaten-Zünder, die für die Flak 8,8 bestimmt waren

Absturzstellen ist er sich bewusst: „Jede Kampfmittel-Räumung ist grundsätzlich gefährlich. Man weiß ja genau: Wenn etwas schiefgeht, bleibt von dir möglicherweise nichts mehr übrig." Tatsächlich kommt es selbst heute immer noch zu Detonationen mit Verletzten und Toten – Letzteres passiert deutschlandweit im Schnitt einmal pro Jahr. 2010 riss in Göttingen eine Bombe drei Menschen in den Tod, bevor die Experten sich überhaupt an ihre Arbeit machen konnten. Die Kampfmittel-Experten haben es eben mit Munition zu tun und die wurde zum Töten oder Verletzen hergestellt und kann diese Aufgabe auch Jahrzehnte später noch erfüllen.

Damit es ist nicht zu Unfällen kommt, ist es wichtig, vier Fragen zu beachten: Von welcher Art ist die Munition? Was ist die Sorte der Munition? Wie ist der Zustand des Kampfmittels? Wie ist die Handhabungs- und Transportfähigkeit? Nachdem die Experten sodann das Kampfmittel geborgen haben, lagern sie es zunächst kurzzeitig vor Ort in Spezialbehältern, bevor eine Spezialfirma die Sprengkörper kontrolliert zur Detonation bringt.

Obwohl er sich schon viele Jahre auf die Suche nach verborgenen Bomben, Minen, Granaten und anderen Objekten macht, verspürt Ludwig Hauber immer wieder einen Drang in sich, solches Material zu finden. „Das muss man in den Griff bekommen. Wenn man etwas gefunden hat, muss man zunächst innehalten. Ich sage mir dann: Konzentrier dich." In einer solchen Gemütslage ist es also nötig, sich selbst zu stoppen. „Das heißt, erst einmal besinnen und nachdenken, denn man hat dann manchmal ganz schön viel Adrenalin."

## Nervenaufreibender Beruf

Ludwig Hauber hat schon mit vielen Menschen gesprochen, die sich für diesen spannenden und nervenaufreibenden Beruf interessieren. Viele springen aber schon wieder ab, wenn sie hören, wie aufwändig die Ausbildung ist und dass sie draußen im Freien arbeiten müssen – und zwar bei jedem Wetter. Die Ausbildung ist zudem sehr herausfordernd. Ein Feuerwerker hat in seiner Datenbank mehr als 8.000 Munitionsteile und für die Prüfung muss sich der Aspirant oder die Aspirantin mit ein paar Hundert davon auskennen. Zudem ist von Vorteil, technisch zeichnen und Bagger fahren zu können.

Wie in vielen Branchen in Deutschland herrscht auch hier Fachkräftemangel. Hierzulande arbeiten rund 2.000 Truppführer mit dem entsprechenden Befähigungsschein, aber die Unternehmen suchen händeringend Nachwuchs. Die Ausbildung kann an speziellen Schulen absolviert werden. Sie ist teuer, aber manchmal übernimmt der Arbeitgeber die Kosten. Es gibt einen deutlichen Männerüberschuss, doch auch Frauen interessieren sich für den Job. „In meiner Firma beispielsweise arbeitet eine frühere Soldatin der ungarischen Armee", so Hauber.

Interessiert verfolgt Hauber den Krieg in der Ukraine, wo die Bevölkerung sehr unter Blindgängern leidet. Eines Tages dorthin aufzubrechen und dabei zu helfen, all die Kampfmittel zu helfen, reizt ihn aber nicht. Das, so befürchtet er, wäre eine zu große seelische Belastung. „Wenn ich Knochen von einem Menschen finden würde, würde ich mich unweigerlich fragen, wie er zu Tode gekommen ist. Ich glaube, das will ich nicht ertragen."

Arbeit gibt es ohnedies auch hierzulande mehr als genug. „Experten schätzen, dass es in München noch rund 100 Jahre braucht, bis alle Kampfmittel geräumt sind. In Berlin und den neuen Bundesländern können es sogar 300 Jahre sein." Dass er den gefährlichen Beruf des Feuerwerkers ergriffen hat, bereut Hauber nicht. „Für so einen Job braucht man eine gewisse Spannung. Man spürt es, wenn man diesen Job machen will." Er hatte dieses Gefühl schon lange, bevor er Feuerwerker wurde. Und wird es wohl auch behalten, bis er eines Tages die Spürsonde aus Altersgründen an einen anderen weitergibt. ■

## DIE SCHLACHT BEI FÉRE-CHAMPENOISE 1814

# Napoleons

**Im Frühjahr 1814 bleibt Napoleon nur noch eine Chance, das Blatt zu wenden und die Verbündeten aus Frankreich hinauszuwerfen. Um diese zu nutzen, muss er jedoch ein großes Risiko eingehen – mit drastischen Folgen für den gesamten Krieg**

Von Jens Florian Ebert

# Untergang

**TRIUMPH DER KAVALLERIE:** Die Schlacht von La Fére-Champenoise sollte eine der verhängnisvollsten Niederlagen Napoleons werden. Um so verblüffender ist, mit welchen Mitteln die Alliierten diese gewonnen haben

Foto: Bridgeman Images

Die Zeit der Siege ist eindeutig vorbei. Dies muss Napoleon auch während der Schlacht bei Arcis-sur-Aube (20./21. März 1814) erfahren, als er der Böhmischen Hauptarmee unter dem österreichischen Feldmarschall Fürst Schwarzenberg unterliegt. Der französische Kaiser entschließt sich nun zu einem waghalsigen Schritt: Im Rücken der gegnerischen Hauptarmee möchte er ostwärts gegen den Rhein vordringen, die Kommunikationslinie des Gegners unterbrechen und zudem die belagerten Festungen an Rhein und Mosel entsetzen. Deren Garnisonen sollen sodann seine gelichteten Reihen wieder auffüllen. Einziger Haken: Paris würde ungeschützt zurückbleiben. Doch Napoleon vertraut auf die starken Festungsanlagen und auf die Treue und Moral der Bevölkerung seiner Hauptstadt. Sollte sein Plan aufgehen, könnte er das Blatt wenden.

Obwohl Schwarzenberg anfangs nicht weiß, in welche Richtung Napoleons Truppen nach der Niederlage bei Arcis-sur-Aube unterwegs sind, glaubt er, dass sich der französische Kaiser nun mit aller Macht Blücher entgegenwerfen will. Schon möchte er erste Maßnahmen beschließen, als die Verbündeten einen Brief des Gegners abfangen, der von der Kriegsmüdigkeit des französischen Heeres und dem Friedenswillen der Pariser Bevölkerung berichtet.

**ANGRIFF:** **Der Feldzug von 1814 war einer der intensivsten der napoleonischen Zeit, hier bei Montereau** Foto: picture alliance/akg-images

Am 24. März beschließen Zar Alexander I. von Russland, der preußische König Friedrich Wilhelm III. sowie Fürst Schwarzenberg (für den österreichischen Kaiser), nun kühn in zwei Kolonnen auf die Hauptstadt zu marschieren: Blücher entlang der Marne und Schwarzenberg entlang der Seine und Aube, während General Wintzingerode mit 8.000 Mann Kavallerie über Vitry dem französischen Kaiser nachsetzen und in den Glauben versetzen soll, dass ihm das gesamte Heer der Verbündeten ostwärts folgt.

Noch am selben Tag setzt sich die 100.000 Mann stark Böhmische Hauptarmee gegen Sézanne in Bewegung, wobei der mit dem Kommando der Avantgarde betraute

HINTERGRUND

## FRANKREICH-FELDZUG 1814

Nach Napoleons Niederlage in der Völkerschlacht von Leipzig (16.–19. Oktober 1813) bricht die französische Vorherrschaft über Deutschland zusammen und der Rheinbund löst sich auf.

Kaum mehr als 60.000 französische Soldaten ziehen sich Anfang November 1813 über den Rhein zurück, während der französische Kaiser nach Paris eilt, um neue Truppen auszuheben und die Verteidigung des Landes zu organisieren. Doch die siegreichen Verbündeten sind sich über das weitere Vorgehen uneins: Österreich möchte sich unter seinem Staatsminister Metternich mit dem geschwächten Napoleon arrangieren und als Gegengewicht zum russischen Zarenreich erhalten und ist bereit, Frankreich seine „natürlichen Grenzen“ (Rhein, Alpen, Pyrenäen) zuzugestehen, während Zar Alexander I. in Paris einziehen und dort den Frieden diktieren will, um Napoleon den Brand von Moskau von 1812 zu vergelten.

Da der französische Kaiser Friedensvorschläge zurückweist, beschließen die Verbündeten, das Kriegsgeschehen nach Frankreich zu tragen und rücken um die Jahreswende 1813/14 über den Rhein: Die Hauptarmee unter dem österreichischen Feldmarschall Fürst Schwarzenberg überschreitet bei Basel den Hochrhein und stößt bis auf das Plateau von Langres vor, während der preußische Feldmarschall Blücher mit der Schlesischen Armee in der Neujahrsnacht bei Kaub über den Mittelrhein geht und Ende Januar bis in die Champagne vordringt. Hier von Napoleon am 29. Januar bei Brienne angegriffen und zurückgeworfen, kann Blücher am 1. Februar mit Unterstützung von Schwarzenbergs Truppen zum Gegenangriff übergehen und den französischen Kaiser in der Schlacht von La Rothiére besiegen.

Da sich der vorsichtig agierende Schwarzenberg weigert, auf Paris zu marschieren und auf Anweisung von Metternich an der unteren Seine stehen bleibt, rückt Blücher mit der Schlesischen Armee allein gegen die französische Hauptstadt vor. Doch seine getrennt voneinander marschierenden Korps erleiden entlang der Marne gegen den heraneilenden Napoleon in mehreren Gefechten vom 10.–14. Februar bei Champaubert, Montmirail, Chateau Thierry und Vauchamps so schwere Verluste, dass sich Blücher bis Chalons auf das rechte Marne-Ufer zurückziehen muss. Hierauf holt der französische Kaiser zum Schlag gegen die Hauptarmee an der Seine aus, die er durch den Sieg über das Korps des Kronprinzen von Württemberg bei Montereau am 18. Februar veranlasst, bis hinter die Aube zurückzugehen.

Schon herrscht im Hauptquartier der Verbündeten Bestürzung und die Friedenspartei um Metternich ist bereit, Napoleon einen Frieden auf der Grundlage von Frankreichs Grenzen von 1792 zu garantieren – doch Napoleon lehnt ab und seine übermütige Siegeszuversicht führt dazu, dass Zar Alexander I., der den Sturz des französischen Herrschers fordert, die Oberhand unter den Verbündeten gewinnt, worauf sich die Alliierten im Vertrag von Chaumont (1. März) noch fester zusammenschließen und ihren Truppen den Befehl geben, gemeinsam auf Paris vorzurücken. Nach einem letzten verlustreichen Sieg Napoleons bei Craonne (7. März) werden seine Angriffe auf die Schlesische Armee bei Laon am 9. März und auf die Hauptarmee bei Arcis-sur-Aube am 20. und 21. März von den Verbündeten zurückgeschlagen. Der Kaiser wendet sich daraufhin nach Osten, um die alliierten Nachschublinien nach dem Rhein zu unterbrechen, aber Blücher und Schwarzenberg marschieren dessen ungeachtet mit ihren Heeren direkt auf Paris, das von Napoleons Marschällen Marmont und Mortier verteidigt wird. Als die russischen und preußischen Truppen nach erbitterten Kämpfen am 30. März die Höhen im Norden und Osten der Stadt erstürmen, kapituliert Paris noch am Abend. Bereits am 31. März ziehen die verbündeten Monarchen in die französische Hauptstadt ein.

Napoleon, der inzwischen umgekehrt und in Gewaltmärschen bis auf Fontainebleau herangerückt ist, will den Kampf fortsetzen und plant, die im Raum von Paris versammelten Verbündeten anzugreifen, doch seine kriegsmüden Marschälle verweigern den Gehorsam. Als Marmont am 5. April mit seinem Korps zu den Alliierten übergeht, ist der Kampf für Napoleon endgültig verloren; am 6. April muss der französische Kaiser für sich und seine Dynastie auf den Thron verzichten und erhält am 11. April von den verbündeten Monarchen die Insel Elba im Mittelmeer als Exil zugewiesen.

Dem wiedereingesetzten französischen Königtum der Bourbonen gewähren die Verbündeten einen milden Frieden, der Frankreich die Grenzen von 1792 belässt, während die Neugestaltung Europas dem Wiener Kongress vorbehalten bleibt. Doch dann landet Napoleon am 1. März 1815 wieder in Südfrankreich. Die Herrschaft der hundert Tage nehmen ihren Lauf …

**ERSTER SCHRITT:** Am 1. Januar 1814 überquerte die von Blücher kommandierte preußische Armee bei Kaub den Rhein Foto: picture alliance/Artcolor

Kronprinz Wilhelm von Württemberg mit den ihm unterstellten IV. und VI. Korps seine Richtung auf der Hauptstraße nach Fére-Champenoise nimmt, dem zur Unterstützung das V. und das III. Korps nachfolgen, während die Garden und Reserven links davon ihren Weg über Montépreux einschlagen. Gleichzeitig ist die 80.000 Mann zählende Schlesische Armee unter Blücher mit den Korps der Generäle Sacken und Langeron angewiesen, von Chalons an der Marne auf Etoges vorzurücken.

## Ein lebhaftes Gefecht

Nichts steht dem Marsch der verbündeten Heere auf Paris zu diesem Zeitpunkt im Weg. Ausgenommen die Korps der beiden Marschälle Marmont und Mortier, zusammen rund 17.000 Mann mit 68 Geschützen. Am 23. März erhalten sie jedoch von Napoleon den Befehl, sich unverzüglich dem Hauptheer anzuschließen. Am Abend des 24. März lagert das Korps Mortier bei Vatry, Marmont etwas südlicher bei dem Ort Soudé-Sainte-Croix am Bachlauf der Somme-Soudé, wobei beide Marschälle glauben, dass sie am folgenden Tag über Vitry die Verbindung mit ihrem Kaiser herstellen können – nicht wissend, dass sie sich im Angesicht der von Osten heranrückenden Hauptarmee der Verbündeten befinden …

Am frühen Morgen des 25. März ist Marmont just im Begriff, seinem Korps, bestehend aus den Divisionen Ricard, Lagrange und Arrighi nebst der Kürassier-Division Bordesoulle, den Befehl zum Antreten zu geben, als seine Vorposten in ein lebhaftes Gefecht mit Kosaken verwickelt werden.

**IM WINTER:** Die zeitgenössische Lithografie zeigt einen französischen Musketier des 8. Linienregiments, 1814 Foto: pa/akg-images

Es ist die Spitze von Graf Pahlens russischer Kavallerie, die als Vorhut des Kronprinzen von Württemberg mit 2.500 Reitern gegen Soudé-Sainte-Croix im Anmarsch ist.

Als Pahlen gegen acht Uhr Soudé-Sainte-Croix erreicht, formiert Marmont seine Infanterie direkt der russischen Reiterei gegenüber, stellt die Kavallerie auf beide Flügel, zieht seine Geschütze vor und eröffnet sofort das Feuer auf den Gegner, von dem er glaubt, nur ein Streifkorps gegen sich zu haben.

Kaum erwidert Pahlen mit den Geschützen seiner reitenden Batterie das Feuer auf Marmont, als der Kronprinz von Württemberg auf dem Schlachtfeld erscheint, um die Aufstellung des Gegners zu rekognoszieren.

## Die Kavallerie greift an

Sofort erkennt der Kronprinz die sich ihm bietende Gelegenheit: Zwar ist die Infanterie der ihm unterstellten IV. und VI. Korps noch weit zurück, als aber kurz darauf neben Pahlen auch die Kavallerie seines eigenen IV. Korps', die württembergische Kavallerie-Division des Generalleutnants Prinz Adam von Württemberg mit 1.500 Reitern und zwei reitenden Batterien, erscheint, verfügt der Kronprinz über 4.000 Reiter mit 36 Geschützen und geht zum Angriff auf Marmont über.

Schon lässt der Kronprinz ein heftiges Geschützfeuer gegen Marmont unterhalten, während er seine Reiterei zum Angriff teilt: Pahlen soll mit seinen Kosaken und Husaren den linken Flügel, die Württemberger den rechten Flügel umfassen und attackieren.

Doch Marmont wartet den Angriff des Kronprinzen nicht ab, sondern lässt unter Deckung seiner sich am Bachlauf der Somme-Soudé verteidigenden Nachhut seine Truppen auf der Straße nach Sommesous abrücken, wo sie sich mit dem von Vatry herankommenden Korps des Marschalls Mortier vereinigen.

Es ist gegen zehn Uhr, als sich die beiden Marschälle westlich von Sommesous hinter

**MIT BAJONETT UND SÄBEL:** Französische Gardeinfanterie im Gefecht gegen russische Reiterei. Gerade die Kavallerie der Verbündeten hat sich 1814 als sehr effektiv herausgestellt Foto: picture-alliance/akg-images

dem Flusslauf der La Somme zur Abwehr der nachdrängenden Kavallerie des Kronprinzen – Infanterie in Karree, Kavallerie und Geschützlinie vor sich – formieren. Doch Marmont und Mortier erkennen aus der stetig wachsenden Anzahl der gegnerischen Reiterei bald, dass sie es nicht bloß mit einem einzelnen Streifkorps der Verbündeten, sondern mit einem bedeutenden Teil der Hauptarmee Schwarzenbergs zu tun haben.

Kaum ist der württembergische Kronprinz durch 2.300 Reiter der österreichischen Kürassierdivision unter Feldmarschall-Leutnant Graf Nostitz sowie 1.600 Reiter der russischen Kürassierdivision Kretow verstärkt und dazu bereit, zur Mittagszeit seinen Angriff auf die Franzosen zu erneuern, als Marmont und Mortier im Angesicht ihrer ungünstig gewählten Stellung ihren Truppen den Rückzug durch den Engpass von Connantray zu den Höhen von Fére-Champenoise befehlen.

Schon protzen die französischen Geschütze auf, als sich Pahlen mit seinen Kosaken und Husaren auf diese stürzt, fünf Geschütze erobert und die zur Gegenattacke anreitenden Kürassiere von General Bordesoulle auseinandertreibt. Die durcheinandergeratene französische Kavallerie schließt sich schnell ihrer Infanterie an, die in Bataillonskolonnen auf der Straße nach Fére-Champenoise den Abmarsch antritt.

Doch dann verdunkelt sich gegen 14:00 Uhr plötzlich der Himmel und ein heftiges Unwetter bricht über dem Schlachtfeld herein, das den Franzosen den mit Hagel vermischten Regen ins Gesicht schlägt. In demselben Moment erscheint Großfürst Konstantin mit der 3.800 Reiter starken russischen Gardekavallerie und greift, von Kronprinz Wilhelm schnell in die Lage eingewiesen, sofort in das Kampfgeschehen ein. Schon werfen die Russen die kaum geordneten Kürassiere von Bordesoulle über den Haufen, als sich die Truppen von Mortiers Junger Garde zur Abwehr der gegnerischen Kavallerie schnell zu Karrees formieren. Doch in dem strömenden Regen können die Franzosen ihre Musketen nicht mehr laden und abfeuern, sondern sich nur noch verzweifelt mit dem Bajonett verteidigen. Ein ungleicher Kampf beginnt …

**„LANG LEBE DER KAISER“:** Auf den harten Kern seiner Armee konnte sich Napoleon stets verlassen Foto: Bridgeman Images

## Franzosen geraten in Panik

Die russischen Garde-Kürassiere brechen zwei gegnerische Vierecke und reiten diese über den Haufen. Auch dem württembergischen Kavallerieregiment Nr. 4 Jäger Prinz Adam gelingt es unter Generalmajor von Jett mit Unterstützung der österreichischen Erzherzog-Ferdinand-Husaren Nr. 3, das Karree des 14. Tirailleurs-Regiments der Jungen Garde zu sprengen und niederzumachen. Regen und Rauch hüllen das Schlachtfeld bald in eine gespenstische Atmosphäre. Unter den französischen Truppen bricht Panik aus. Zwei Mal müssen sich Marmont und Mortier in die Karrees der Divisionen Christiani und Ricard begeben, um nicht vom Strom der Fliehenden fortgerissen zu werden. Deren standhafte Haltung verschafft der Masse der französischen Truppen Zeit, sich vom Feind zu lösen und den weiteren Rückzug auf Fére-Champenoise anzutreten.

Doch kaum ist auf der Straße nach demselben der kleine Ort Connantray in Sichtweite, beginnt sich jede Ordnung aufzulösen. Die Bataillone drücken sich in purem Selbsterhaltungstrieb über die einzige, über den tief in das Gelände eingeschnittenen Bachlauf des

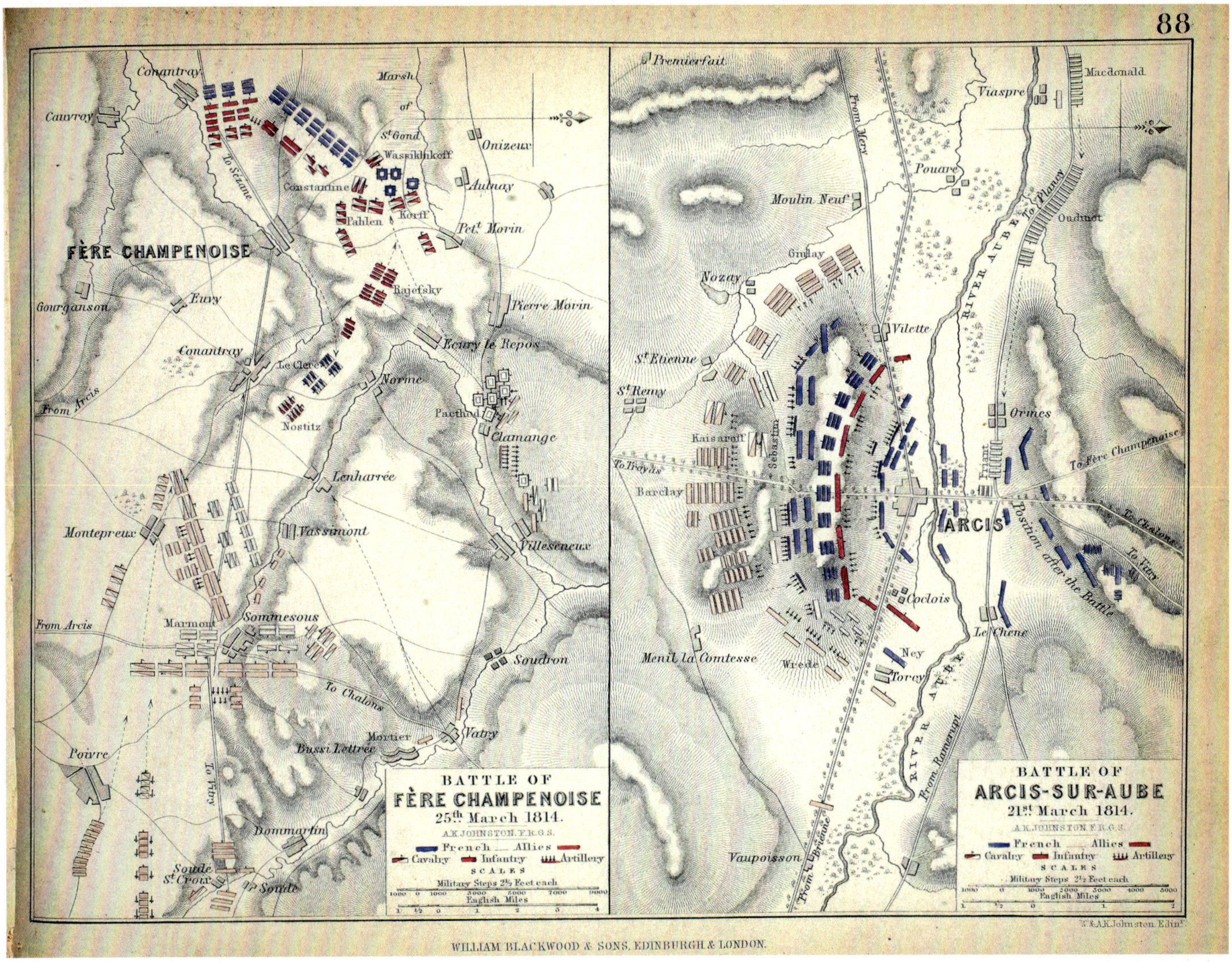


**AUFMARSCH:** Die zeitgenössische Karte zeigt die Schlachten von Arcis-sur-Aube und Frére Champenoise Foto: Bridgeman Images

**SCHWARZENBERG**
Karl Philipp Fürst zu Schwarzenberg führte seine Armee mit größter Zurückhaltung – zum Ärger der Russen
Foto: picture alliance/imageBroker

**KRONPRINZ WILHELM**
Friedrich Wilhelm Karl überlebte den Feldzug von 1814 und wurde 1816 als Wilhelm I. König von Württemberg
Foto: picture alliance/Bildagentur-online/Celeste

Vaure durch Connantray hindurch. Bald darauf verstopfen führerlose Geschütze, Train- und Fuhrwerke den einzigen Rückzugsweg durch den Ort. 24 Geschütze und mehr als 60 Munitionswagen fallen den Verbündeten hier später in die Hände.

Was von den Franzosen nicht mehr durch Connantray entrinnen kann, versucht nördlich im Bogen Fére-Champenoise zu erreichen oder, dem rechten Ufer des Vaure folgend, Anschluss an die eigene Einheit zu finden. Zur Deckung ihrer Kameraden treten diesseits des Bachlaufs noch vier Regimenter Voltigeure der Jungen Garde unter Brigadegeneral Jamin den Angriffen der österreichischen Kürassiere und Kaiser-Husaren unter Generalmajor Desfours im Karree entgegen, werden aber von allen Seiten gleichzeitig attackiert und ohne Gnade niedergemacht. Nur wenige Offiziere, darunter General Jamin, werden verschont und geraten in Gefangenschaft.

**BITTERES ENDE:** Soldaten der siegreichen Koalition führen 1814 gefangen genommene Franzosen ab
Foto: picture-alliance/akg-images

Indessen verhindert das mit Geschützen und Munitionswagen versperrte Connantray eine rasche Verfolgung durch die Verbündeten und verschafft den auf der Straße nach Fére-Champenoise zurückflutenden französischen Truppen Zeit, sich zu sammeln und neu zu formieren.

## Panik bricht aus

Doch als nach einigen Erkundungsvorstößen Pahlens Kosaken einen Übergang über den tief eingeschnittenen Vaure für die Kavallerie des Kronprinzen finden und sich um diese Zeit weitere 1.200 Kosaken von Südwesten dem Schlachtfeld nähern, glauben sich die Franzosen von zwei Seiten umringt und wieder bricht Panik aus. Schließlich gelingt es Marmont und Mortier unter der Deckung des aus Sézanne den Verbündeten entgegenrückenden 9. Kavallerie-Marschregiments unter Oberst Leclerc auf den Höhen von Broussy-le-Grand und Linthes, jenseits von Fére-Champenoise, ihre fast aufgelösten Korps wieder zu ordnen.

Als der württembergische Kronprinz gegen 16:00 Uhr rund 12.000 Reiter mit 94 Geschützen vor der neuen Stellung der beiden Marschälle zusammenzieht und mit den Anordnungen für einen letzten entscheidenden Angriff beschäftigt ist, läuft von der noch weit zurückliegenden Infanterie plötzlich die Meldung ein, dass man im Rücken starken Kanonendonner hört!

**LETZTER AKT:** In der Endphase der Schlacht säbelt die Reiterei der Verbündeten ihren Gegner schonungslos nieder. Nur wenige Franzosen entkommen
Foto: picture-alliance/akg-images

Sofort sieht der Kronprinz von einem weiteren Angriff auf die Marschälle ab. Besorgt um die ohne Kavallerieschutz marschierende Infanterie der Hauptarmee, gibt er der Kavallerie Graf Pahlens sowie der russischen Kürassier-Division von General Depreradovich den Befehl, unverzüglich in jene Richtung abzurücken, von wo der Kanonenlärm zu vernehmen ist. Er befürchtet nichts weniger als den Aufmarsch einer neuen französischen Kolonne.

Doch bei der gegnerischen Kolonne, die dem jenseits von Fére-Champenoise stehenden Kronprinzen Sorge bereitet, handelt es sich lediglich um zwei kleine französische Divisionen – zumeist junge Rekruten der Nationalgarde unter den Generälen Pacthod und Amey, die zusammen 5.000 Mann und 16 Geschütze und einen Munitions- und Verpflegungspark von Sézanne nach Bergéres-lés-Vertus geleitet haben und nun über Vatry Anschluss an Marmont und Mortier suchen.

Allerdings ist ihnen schon seit etwa 11:00 Uhr die russische Kavallerie des Korps Langeron von der Schlesischen Armee unter

General Korff mit 2.000 Reitern auf den Fersen. Als Pacthod und Amey unter stetigen Abwehrkämpfen den Ort Clamanges erreichen, beschließt Pacthod, sich allen 200 mitgeführten Wagen zu entledigen, um die Artillerie und seine in Bataillonskolonnen marschierende Infanterie schneller voranzubringen. Er lässt die Pferde abspannen und seinen Geschützen die doppelte Bespannung geben, wodurch jedoch ein großer Zeitverlust entsteht, der sich unheilvoll auswirkt. Denn als Pacthod und Amey ihren Rückzug von Clamanges nach Ecury-le-Repos fortsetzen wollen, erscheint kaum eine Meile nordöstlich vor Fére-Champenoise der russische General Wassiltschikow mit der Reservekavallerie der Schlesischen Armee, womit insgesamt 4.000 Reiter den Abmarsch der französischen Bataillone versperren. Todesmutig schlagen sich die in Karrees formierten Nationalgardisten durch die Kavallerie hindurch, doch die gute Haltung der jungen Rekruten wankt, als sie den Weg nach Fére-Champenoise durch weitere gegnerische Reiterverbände versperrt sehen und ihnen Geschützfeuer entgegenschlägt.

## Völlig zusammengeschossen

Diese Kämpfe sind parallel dazu im Gang, als sich der Kronprinz von Württemberg mit seinen starken Reiterverbänden schon längst jenseits von Fére-Champenoise befindet und nun nach und nach auch das Hauptquartier der Böhmischen Hauptarmee mit Fürst Schwarzenberg, Zar Alexander I. von Russland und dem preußischen König Friedrich Wilhelm III. nebst der Infanterie des VI. Korps diesen Ort erreichen und sofort gegen die aus Richtung Clamanges heranmarschierenden französische Kolonne vorgehen. Schon werden die Geschützbatterien des VI. Korps gegen Ecury-le-Repos unter der Deckung von Pahlens Kavallerie gegen Pacthod und Amey vorgeführt. Für diese neigt sich der Kampf bald dem Ende zu: Bei dem Versuch, sich in die weiten Sümpfe von Saint-Gond zu retten, wird den in sechs Karrees formierten Divisionen von Pacthod und Amey von der Kürassierdivision Depreradovich der Weg verlegt.

Von der zahlreichen Kavallerie der Verbündeten umstellt, werden die französischen Infanteristen aus 48 aufgefahrenen Geschützen mit Kartätschen zusammengeschossen und der übrige Teil teils niedergesäbelt, teils gefangen genommen. Nur wenige Franzosen können diesem Gemetzel entkommen und sich in die Sümpfe retten – der verwundete Pacthod als auch Amey gehören zu den Gefangenen. Die Versuche des Königs von Preußen, durch seinen Adjutanten, den Oberstleutnant von Thiele, vor diesem Blutbad eine Kapitulation herbeizuführen, scheitert an der schnellen Eskalation des Kampfes …

HINTERGRUND

### STUTTGARTER JUBILÄUMSSÄULE

In Stuttgart erhebt sich auf dem Schlossplatz in zentraler Lage die 30 Meter hohe Jubiläumssäule, von deren Spitze seit 1863 die Skulptur der Concordia (römische Göttin der Eintracht) grüßt – ein imposanter Blickfang!

Das nach einem Entwurf des königlichen Hofbaumeisters Johann Michael Knapp im Jahr 1841 begonnene und 1846 vollendete patriotische Kunstdenkmal aus Inschriften, Bildtafeln und figuralen Allegorien trotzt hier den historischen Zeitumbrüchen und ist dazu bestimmt, der Nachwelt die am 30. Oktober 1841 stattgefundene Jubiläumsfeier der 25-jährigen Regierung König Wilhelms I. von Württemberg sowie das segensreiche Wirken derselben in Erinnerung zu rufen (unter anderem stiftete er 1818 in Zeiten großer Missernten und Hungersnot auf dem Cannstatter Wasen ein landwirtschaftliches Fest und legte damit den Grundstein für das heutige Cannstatter Volksfest).

Den Unterbau der Jubiläumssäule schmücken vier umlaufende Bronzereliefs, allesamt Werke des Bildhauers Theodor Wagner (1800–1880), mit Szenen aus der Kriegs- und Regierungszeit des Königs. Während die erste Bildtafel die Huldigung der Ständeversammlung infolge der Verabschiedung der Landesverfassung durch den Monarchen im September 1819 darstellt, widmen sich die drei anderen Reliefs ausgewählten Schlachtszenen der württembergischen Truppen während des siegreichen Frankreich-Feldzuges von 1814 zur Erinnerung an die militärischen Erfolge des damaligen Kronprinzen als Befehlshaber des IV. Korps der Hauptarmee unter Schwarzenberg.

Im Einzelnen sind dies die Schlacht bei Brienne (La Rothiére) am 1. Februar 1814, die Erstürmung der Stadt Sens am 11. Februar 1814 sowie die Schlacht von Fére-Champenoise am 25. März 1814.

Für die Schlachtreliefs ist Wagner vom königlichen Hof angewiesen, sich eng an die diese Ereignisse darstellende Schlachtengemälde des Hofmalers Joseph Joachim von Schnitzer (1792–1870) zu halten. Wagner versteht es dabei ausgezeichnet, in seine Reliefs, worunter eine große Anzahl an Porträts ist, charakteristische Treue und eine lebendige Ausstrahlung zum Ausdruck zu bringen.

**GEDENKEN: Die Jubiläumssäule in Stuttgart erinnert an die Schlacht von Fére-Champenoise** Foto: picture alliance/imageBroker

Indessen gelingt es auf der anderen Seite des Schlachtfeldes Marmont und Mortier, mit ihren abgekämpften Truppen im Schutz der anbrechenden Dunkelheit von Broussy-e-Grand nach Allemant abzuziehen, da der Kronprinz von Württemberg wegen der vollständigen Erschöpfung seiner Kavallerie – diese hatte über zehn Stunden im Kampf gestanden – von einem neuen Angriff absieht.

Im Ganzen verlieren die französischen Truppen in den beiden Doppelkämpfen von Fére-Champenoise 5.000 Mann an Toten und Verwundeten, 10.000 Mann an Gefangenen (darunter sechs Generäle), 75–80 Geschütze und mehr als 250 Munitionswagen. Der Gesamtverlust der Verbündeten übersteigt hingegen nicht mehr als 2.000 Mann.

In der Kriegsgeschichte ist der Tag von Fére-Champenoise bemerkenswert, weil die Verbündeten diesen äußerst erfolgreich und ausschließlich mit Kavallerie und reitender Artillerie – im Ganzen 16.000 Berittene mit 128 Geschützen – gegen überlegene französische Kräfte aller drei Waffengattungen mit 23.000 Mann mit 84 Geschützen geführt haben.

Obwohl es dem Kronprinzen aufgrund der Erschöpfung seiner Kavallerie nicht gelingt, seine errungenen Vorteile über Marmont und Mortier auszunutzen und deren Korps zu vernichten, sind die Marschälle durch die hohen Verluste bei Fére-Champenoise so bedeutend geschwächt, dass ihnen diese Truppen in der Folge bei der Verteidigung von Paris fehlen, was den Verbündeten in die Hände spielt; diese können nach einem kurzen, aber erbitterten Kampf die französische Hauptstadt am 30. März 1814 erobern und einen Regierungsumsturz herbeiführen, noch bevor der in Eilmärschen heranrückende Napoleon rechtzeitig eingreifen kann. ■

**ZEITENWENDE:** Wie kein anderes Ereignis steht der Untergang der Hafenstadt Troja für den Zusammenbruch der späten Bronzezeit. Zahlreiche Fragen sind bis heute offen: Wer waren die Angreifer und warum gab es so wenig Widerstand?
Foto: picture-alliance/akg-images

Der Zusammenbruch Europas in der Bronzezeit

# Das Ende der Welt

**Lange bevor Rom Europa beherrschte und das antike Griechenland mit seinen Leistungen die Welt verblüffte, hat es in Europa eine hochentwickelte Kultur gegeben: die Gesellschaft der späten Bronzezeit. Ihr Untergang war der größte Zivilisations-Zusammenbruch der Menschheitsgeschichte**

Von Stefan Krüger

Ende der 1920er-Jahre gruben französische Archäologen im nördlichen Syrien eine Stadt namens Ugarit aus. Auf den ersten Blick schien es eine der typischen antiken Stätten zu sein, die die Zeit vergessen hatte. Eine jener Städte, die nach einer kurzen Blüte verfielen, ehe auch die hartnäckigsten Bewohner schließlich aufgaben und fortgingen. Doch hier in Ugarit, das merkten die Forscher schnell, war etwas anders. Ganz anders. Denn was sie hier entdeckten, konnte sogar einem gestandenen Archäologen das Blut in den Adern gefrieren lassen.

Die Stadt wurde in der späten Bronzezeit zwischen 1190 und 1185 vor Christus zerstört – und zwar vollständig. Die Schäden an den Gebäuden und an der Stadtmauer waren derart massiv, dass man glatt meinen könnte, die Angreifer hätten Artillerie eingesetzt – bis zu zwei Meter hoch stand der Schutt an einzelnen Stellen. Die Forscher tippten zunächst auf ein verheerendes Erdbeben, doch entdeckten sie schon bald Spuren schwerster Straßenkämpfe und Brände. Und je tiefer die Archäologen gruben, um so unheimlicher wurde es. Sie fanden wahre Schätze aus Gold, Schmuck und edlem Geschirr, die die Einwohner im Angesicht des Untergangs noch rasch versteckt hatten. Warum haben die Überlebenden ihre kostbaren Güter später nicht geborgen? Einfache Antwort:

**GEBALLTE SEEMACHT:** Die sogenannten „Seevölker“ nutzten Galeeren wie diese (Filmfoto), um die reichen Städte des Mittelmeeres zu plündern. Die Bauweise der Schiffe ist dank archäologischer Funde relativ gut bekannt

Foto: Interfoto

**FORTSCHRITT:** Links ein mykenischer Helm aus Wild-Eberzähnen, rechts eine Gussform für Bronzeschmuck aus Ugarit

Fotos (2): pa/akg/Bildarchiv Steffens; Philippe Maillard/akg-images

So gut wie niemand dürfte das Massaker überstanden haben. Und die wenigen Glücklichen, die es heil hinausgeschafft haben, sind nie wieder in die Nekropole zurückgekehrt, die einst ihr stolzes Heim gewesen war. Bis zu 600 Jahre sollte es dauern, ehe sich hier erstmals wieder Menschen niederließen.

## Tribut gegen Schutz

Ugarit war die Hauptstadt des gleichnamigen Klein-Königreichs und zählte in seiner Blütezeit rund 8.000 Einwohner. Das Königreich selbst war ein Vasall des in der heutigen Türkei liegenden Hethiter-Reiches, eine, wenn nicht *die* Großmacht der späten Bronzezeit. Die Beziehung der beiden Länder beruhte auf einem damals üblichen Geschäftsmodell: Ugarit entrichtete regelmäßig Tribut und die Hethiter boten Schutz. Der Tribut war stattlich; eine Quelle berichtet von bis zu einer Tonne Gold jährlich. Doch Ugarit konnte sich das leisten, lag die Hauptstadt doch an der wichtigen Handelsroute zwischen den Hethitern und dem Reich der Pharaonen. Eine gute Lage, die Ugarit unfassbar reich machte – aber auch Begehrlichkeiten weckte.

Im Königspalast fanden die Archäologen zahllose Briefe des letzten Königs Ammurapi (siehe Abbildung rechts oben). Wichtigster Adressat sind die Hethiter. In seinen letzten erhaltenen Schreiben fleht der Herrscher von Ugarit regelrecht um Hilfe: Zahlreiche Städte stünden bereits in Flammen und der Feind rücke weiter vor. In den Trümmern fanden die Forscher auch die Antwortschreiben: „Sei tapfer und rüste dich! Befestige deine Mauern!“, lesen wir in einem der Briefe, die von einem hethitischen Vizekönig stammen. Konkrete Hilfe aber stellten die Hethiter nie in Aussicht. Wie konnte das sein? Warum haben die Hethiter einen ihrer wichtigsten und treuesten Vasallen so schmählich im Stich gelassen? Wussten sie denn nicht, dass die Pharaonen schon seit jeher danach strebten, selbst den „Schutz“ von Ugarit zu übernehmen, um an die saftigen Tributzahlungen heranzukommen? Und vor allem: Wer war dieser rätselhafte, brutale Feind?

Das Bild wird klarer, wenn wir einen Blick in die Ägäis, also an den westlichen Rand des Hethiterreiches, werfen. Hier lag das sagenumwobene Troja, die Perle der Mittelmeerwelt, das New York der Bronzezeit. Genau wie Ugarit war auch Troja ein Vasall der Hethiter, aber ungleich wohlhabender und mächtiger. Und damit das auch so blieb, investierten die Herren der Handelsmetropole Unsummen in den Schutz der Stadt. So besaß die Zitadelle bis zu fünf Meter dicke und zehn Meter hohe Mauern – nach damaligen Ermessen uneinnehmbar. Doch ebendies passierte um das Jahr 1180 vor Christus, also fast zur gleichen Zeit, als Ugarit unterging.

Troja und Ugarit waren indes nicht die einzigen Städte, die qualvoll untergingen. In Griechenland lagen etwa zur selben Zeit

## INVASION DER SEEVÖLKER

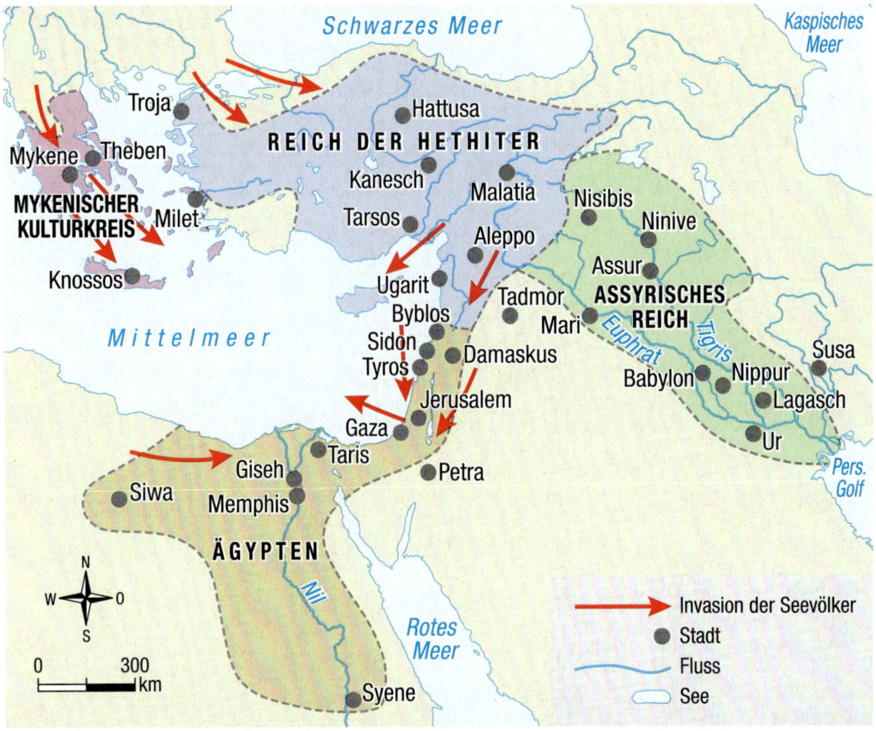


Gestaltung: Kartografie Frühwald Schlaich

„An den König, meinen Herrn, wendet sich Ammurapi, dein Diener. Ich schrieb dir zweimal, dreimal, **es gibt Neuigkeiten bezüglich des Gegners!** Vielleicht weiß mein Herr, dass feindliche Kräfte mittlerweile in Ra'su [das heutige Ras Ibn Hani] stehen und dass ihre Vorhut nach Ugarit gesandt wurde. Nun möge mir mein Herr Truppen und Gebete schicken, um mich zu retten!"

**König Ammurapi an einen hethitischen Vizekönig**

**SCHRIFTSTÜCK: Diese Keilschrift stammt aus Ugarit und entspricht den Briefen, die der letzte König an seine Nachbarn sandte**
Foto: picture alliance/Philippe Maillard/akg-images

**IMPOSANTER REST: Die Ostmauer und das Osttor von Troja (Troja VI, Bauzustand etwa 1240 vor Christus)**
Foto: picture alliance/akg/Bildarchiv Steffens

Theben und Mykene in Trümmern, ebenso Knossos auf Kreta. In der heutigen Türkei wiederum wurden Milet und sogar die Hauptstadt des mächtigen Hethiterreiches, Hattusa, zerstört – und dies sind nur einige wenige Beispiele. Wir haben es also nicht mit zufälligen Einzelereignissen zu tun, sondern mit einem umfassenden Zusammenbruch der östlichen Mittelmeerwelt in der ersten Hälfte des 12. Jahrhunderts vor Christus. Es bleibt die Frage, wer die Angreifer waren und warum die betroffenen Großreiche wie Ägypten, Assyrien und das Hethiterreich so wenig Widerstand leisteten.

## Aus der Steinzeit katapultiert

Hätte man einem beliebigen hethitischen Schmied oder ugarischen Händler im 13. Jahrhundert gesagt, dass ihre Welt in weniger als 100 Jahren untergehen wird, hätten sie vermutlich ungläubig mit dem Kopf geschüttelt, war doch das 13. Jahrhundert nichts weniger als ein goldenes Zeitalter der Menschheit. Die Warenströme reichten von den Gestaden Großbritanniens bis ins tiefste Anatolien. Kunst und Wissenschaft erblühten in einem atemberaubenden Tempo, während in den großen Städten eine Verwaltung entstand, die das noch relativ neue Medium Schrift so souverän und umfangreich nutzte, als würde die Steinzeit bereits Tausende von Jahren zurückliegen – tatsächlich endete diese erst im Jahre 2200 vor Christus.

Die Quelle des Wohlstands und damit das Fundament all dieser wundersamen Dinge war ein bestimmter Stoff, der dieser Epoche seinen Namen gab: die Bronze. Es handelt sich dabei um eine Legierung, die zu zehn Prozent aus Zinn und zu 90 Prozent aus Kupfer besteht, aber wesentlich härter ist als letzteres. Zinn ist jedoch ziemlich selten, sodass die Hochkulturen der Bronzezeit lernen mussten, europaweite Handelsketten zu etablieren. In den Zentren der Metallverarbeitung entstanden Schmelzöfen, mit denen spezialisierte Metallhandwerker die Hightech-Produkte der Bronzezeit herstellten: Schuppenpanzer, Schwerter und natürlich Schmuck. Bronze war derart begehrt, dass es auch ein international anerkanntes Zahlungsmittel war. In Barrenform etwa war Bronze nichts weniger als der Dollar seiner Zeit.

## Sagenhafter Aufstieg

Der wachsende Wohlstand, den die vorindustriellen Liefer- und Produktionsketten ermöglichten, führte dazu, dass sich in vielen Zentren eine herrschende Oberschicht herausbildete, an deren Spitze meist ein König stand. Die Könige wiederum dehnten ihre Herrschaft systematisch auf benachbarte Regionen aus und installierten ein komplexes System aus Unterkönigen, Statthaltern und Vasallen. Dies erklärt auch den ungewöhnlichen Siegeszug des Mediums Schrift. Denn um den Überblick zu behalten, benötigte die Oberschicht eine

**REICHTUM:** Diese goldene Schale, auf der eine Jagdszene eingraviert ist, stammt ebenfalls aus Ugarit (15./14. Jahrhundert vor Christus)

Foto: picture-alliance/dpa

**KASSANDRA WARNTE VERGEBLICH:** Laut Homer verbargen sich die Griechen in einem hölzernen Pferd, um in die Stadt zu gelangen. Vermutlich dürfte es sich eher um ein Schiff mit Pferdekopf-Verzierung gehandelt haben

Foto: interfoto

professionelle Verwaltung, die über „raten und schätzen" hinausging und zuverlässig Auskunft über Warenverkehr, Steuern und Zölle geben konnte. Die Hethiter-Könige hatten darüber hinaus die schrullige Angewohnheit, jedes Geschenk akribisch aufzulisten, das sie jemals erhalten oder gegeben haben.

Die Schriftlichkeit bedeutete aber auch für die Diplomatie einen großen Sprung nach vorne. Sie erlaubte es den jeweiligen Herrschern, auch über große Distanzen zu kommunizieren, ohne dabei auf Gesandte angewiesen zu sein, die schlimmstenfalls nach dem „Stille Post"-Prinzip sinnentstellte Botschaften überbrachten. Seinen größten Erfolg feierte das Medium Schrift im Jahre 1259, als Ägypten und das Hethiter-Reich den ersten bekannten Friedensvertrag der Weltgeschichte schlossen. Dieser Vertrag ist schon allein deshalb außergewöhnlich, weil der Krieg in dieser Zeit eigentlich der diplomatische Normalzustand war. Die Vorteile, die Briefe und Verträge gegenüber simpler Waffengewalt boten, lagen auf der Hand. So schuf die Diplomatie Sicherheit, die wiederum den Handel begünstigte und den Wohlstand weiter vergrößerte. Grenzstädte wie Ugarit hätten sich vermutlich niemals zu blühenden Handelsmetropolen entwickeln können, wenn die benachbarten Großmächte permanent übereinander hergefallen wären.

## Ein goldenes Zeitalter

Man sieht: Es ist wahrlich keine Übertreibung, die späte Bronzezeit als ein goldenes Zeitalter zu beschreiben. Die wenigsten ahnten wohl, dass sich bereits am Ende des 13. Jahrhunderts ein Unwetter zusammenbraute – und zwar buchstäblich.

Es begann mit einer Reihe von Erdbeben, die die östliche Mittelmeerwelt über einen Zeitraum von mehreren Jahrzehnten erschütterten. Archäologen haben mittlerweile jedoch festgestellt, dass sie nicht die Ursache für den katastrophalen Zusammenbruch waren, da die Betroffenen ihre Städte meist rasch wieder aufbauten. Auch das Wirtschaftsleben schien durch die Erdstöße nicht nachhaltig beeinträchtigt worden zu sein. In Wahrheit kam das Unglück nicht von unten, sondern von oben.

Die Ägypter waren die ersten, die merkten, dass „etwas" nicht stimmte. In weiser Voraussicht erteilte der Pharao seinen Untertanen den Befehl, den Getreideanbau auf robuste, relativ anspruchslose Sorten umzustellen. Das gleiche galt für die Viehwirtschaft. Und tatsächlich: Die Temperaturen stiegen in Europa für mehrere Jahre schlagartig an, nur um sodann ebenso abrupt in den Keller zu rauschen. Weitaus schlimmer als die Kälte war jedoch die Trockenheit, die sich epidemisch ausbreitete und die Landwirtschaft ruinierte.

Die Ursache für den Klimawandel ist unbekannt. Als mögliche Kandidaten gelten ein größerer Vulkanausbruch und eine Veränderung der Sonnenaktivität – vielleicht

**HINTERGRUND**

## DIE HETHITER

Der Ursprung der Hethiter ist unklar. Fest steht lediglich, dass sie zur indogermanischen Sprachfamilie gehörten. Die Hethiter waren im späten 5. Jahrtausend vor Christus vermutlich aus dem heutigen Südrussland in Anatolien eingewandert und haben, was für eine böse Ironie, die Ureinwohner dieser Region weitestgehend verdrängt. Ein hethitisches Großreich hat es ursprünglich nicht gegeben. Dieses kristallisierte sich erst in der Mitte des 2. Jahrtausends heraus, dann aber in einem hohen Tempo. Nach und nach unterwarfen die Hethiter ihre Nachbarn, bis sie irgendwann auf Augenhöhe mit bereits etablierten Reichen wie Ägypten, Assyrien und Babylonien standen. Ihren Aufstieg verdankten die Hethiter vor allem der Tatsache, dass sie die Handelsrouten kontrollierten und gewinnbringend abschöpften. Seine größte Ausdehnung und Macht erreichte das Hethiter-Reich in der zweiten Hälfte des 13. Jahrhunderts vor Christus, als sich die Hethiter gegenüber den Ägyptern in Syrien durchsetzten und die hiesigen Fürstentümer tributpflichtig unter ihre Kontrolle brachten. In jener Zeit übernahmen die Hethiter auch die Kontrolle über Zypern. Nach dem Zusammenbruch des Großreiches lebten noch einige hethitische Klein-Königreiche fort, die im Laufe der Zeit allerdings ebenfalls verschwanden.

„Aber man kann unmöglich **die Wut des hungrigen Magens** bändigen, welcher den Menschen so vielen Kummer verursacht! Ihn zu besänftigen, gehen selbst schön gezimmerte Schiffe über das wilde Meer, mit **Schrecken des Krieges** gerüstet."

**Homer**

**REKONSTRUKTION: Die aus Lehmziegeln errichtete Stadtmauer von Hattusa**
Foto: picture alliance/imageBroker

**LETZTER ZEUGE: Dieser mykenische Krater diente zum Mischen von Wein und Wasser und zeigt eine Gruppe von Kriegern. Das Gefäß entstand um das Jahr 1200 vor Christus, also kurz vor dem Untergang Mykenes**
Foto: picture alliance/akg/Bildarchiv Steffens

**TOTENMASKE: Laut Homer war der Anführer der Eroberer Trojas ein Grieche (Mykener) names Agamemnon** Foto: pa/akg /Bildarchiv Steffens

traf auch beides gleichzeitig zu. Die Folgen waren jedenfalls dramatisch. So trieb der Klimawandel zahlreiche Völker aus ihrer angestammten Heimat wie etwa auf dem Balkan und in Südrussland. Auf der Suche nach besseren Lebensbedingungen stießen sie zuerst nach Südosteuropa vor. Doch die Palastkultur von Mykene (Griechenland) war ebenfalls durch Hunger und Seuchen geschwächt und konnte den Eindringlingen keinen Widerstand leisten. Bis zum Ende des 13. Jahrhunderts gingen die einst prächtigen Paläste und Städte dieser Hochkultur in Feuer und Rauch unter. Die Überlebenden schlossen sich den Wanderern in ihrer Verzweiflung an und das nächste Ziel war das Hethiter-Reich.

Das anatolische Großreich stand allerdings bereits am Abgrund. Der Kollaps der Landwirtschaft trieb die Menschen aus den übervölkerten Städten, die ökonomische Basis brach weg. Die diversen Völkerwanderungen und die zahlreichen Angriffe auf Handelspartner führten darüber hinaus zum Zusammenbruch der globalen Lieferketten.

### Zehn Jahre Raub und Gewalt

Die Invasoren näherten sich dem Hethiter-Reich auf zwei verschiedenen Wegen. Zum einen überquerten sie den Bosporus und zum anderen fuhren sie an der östlichen Ägäis entlang ins nördliche Mittelmeer, um sodann an der Südwestküste Anatoliens zu landen. Der griechische Dichter Homer, der in seinem epochalen Werk *Ilias* die Kämpfe um Troja schildert, liefert in diesem Zusammenhang einen interessanten Hinweis. Demnach haben die „Seevölker", wie die Invasoren allgemein genannt werden, Troja zunächst ausgespart. Die gewaltigen Festungsanlagen vermochten auch die kühnsten Plünderer abzuschrecken. Stattdessen nahmen sich die Invasoren leichtere Ziele vor allem in der Ägäis vor. Und zwar für die Dauer von zehn Jahren, sofern Homer an dieser Stelle Tatsachen überliefert.

Über die grausame Effizienz der Seevölker kann man nur staunen. Wie konnte es sein, dass „Barbaren" aus Mittel- und Osteuropa und verzweifelte Flüchtlinge aus Mykene derart zielsicher und schnell im östlichen Mittelmeerraum agierten? Vermutlich hat der Zusammenbruch der Lieferketten dazu geführt, dass viele Seefahrer und Fernhändler nun arbeitslos geworden waren. Und eben diese Leute wussten, wo die lohnenden Ziele lagen. Es ist nicht abwegig, zu vermuten, dass sich die einheimischen Seefahrer teilweise mit den Invasoren verbündet haben, um gemeinsam auf Raubzug zu gehen. Die Seefahrer brachten die nötigen Kenntnisse mit, die Mykener besaßen sicherlich Fertigkeiten in der modernen Landkriegführung und die „Barbaren" besaßen ein gerüttelt Maß an Brutalität und Entschlossenheit. Gerade die Kombination aus Intelligenz und Barbarei

**SELTEN:** Die Zeichnung aus dem 13. Jahrhundert vor Christus zeigt Hethiter in ihrem üblichen Ornat und wurde in Ägypten entdeckt
Foto: pa/akg/Bildarchiv Steffens

**FREIGELEGT:** Die Ausgrabungsstätte von Ugarit liegt in der Nähe von Lattakia, Syrien
Foto: picture alliance/imageBroker

ist die tödlichste von allen. In einem Brief an den König von Zypern bat der Herrscher von Ugarit um Hilfe, als er schrieb, dass die feindlichen Schiffe bereits vor der Küste der Hauptstadt lagen. Die Antwort kam prompt: Nein, Hilfe gibt es nicht. Und der Schreiber sparte auch nicht mit verdecktem Tadel, als er hinzufügte: „Es sind deine eigenen Leute!" Der König von Zypern führte dies nicht näher aus, doch bestätigt es die Vermutung, dass sich in der Tat auch viele Einheimische an den Angriffen beteiligten.

Die Reaktion ist verständlich, wenn man bedenkt, dass sich das Hethiter-Reich (Zypern war ein Vasall desselben) selbst in größter Not befand. Der Großkönig mit dem zungenbrechenden Namen Suppiluliuma II. wandte sich in seiner Verzweiflung sogar an den Pharao: „Meine Familie und ich hungern!", schrieb er wörtlich. Die Ägypter hätten die Gelegenheit für eine Retourkutsche nutzen können, denn der oben erwähnte Friedensvertrag kam nur zustande, weil die siegreichen Hethiter ihre ägyptischen Rivalen zu einem demütigenden Rückzug aus Syrien gezwungen hatten. Ägypten aber zeigte sich solidarisch und schickte Tausende von Tonnen Lebensmittel. Das war eine humane Geste; sie reichte jedoch nicht, um das Hethiter-Reich zu retten.

## Das Fass auskratzen

Suppiluliuma II. war jedoch nicht bereit, aufzugeben und forderte seine Vasallen auf, Schiffe und Truppen ins Hethiter-Reich zu schicken. Auch Ugarit kam dem Befehl nach, was erklärt, warum das kleine Königreich am Ende so schutzlos dastand. Es ist jedoch unklar, ob die hungernden Hethiter zuletzt noch ernsthaften Widerstand geleistet haben. Lediglich Homer liefert in diesem Zusammenhang einen weiteren interessanten Hinweis: Er schreibt, dass die Trojaner während ihres Endkampfes immer wieder militärische Unterstützung erhielten, darunter Soldaten aus Nordafrika. Vorstellbar wäre es zumindest, dass Suppiluliuma II. in seiner Not alle verfügbaren Söldner einkaufte, um sie in die Schlacht zu werfen.

Die Spur des Großkönigs verliert sich zwischen 1190 und 1180. Als die Invasoren zuletzt in der Hauptstadt Hattusa einrückten, war diese bereits großteils verlassen. Archäologen fanden zwar vereinzelt Spuren von Kämpfen, doch könnten diese auch von lokalen Aufständen herrühren. Die Forscher legten auch ein weiteres interessantes Relikt frei, das eine Ahnung davon gibt, was Europa mit dem Zusammenbruch der Bronzezeit verloren hatte: Hattusa besaß eine Kanalisation – gut ein halbes Jahrtausend, bevor Rom und seine legendären sanitären Anlagen entstanden sind.

Troja wiederum hielt mit am längsten durch, ehe die Stadt um 1180 unterging. Ob die Angreifer tatsächlich zu einer List

**EISERN VERTEIDIGT:** **Die Filmszene zeigt trojanische Bogenschützen am vorderen Verteidigungsgraben der Stadt. Skelettfunde deuten tatsächlich darauf hin, dass hier schwere Kämpfe stattgefunden haben** Foto: Interfoto

gegriffen haben, wie Homer schreibt, oder ob sie schlicht den „Vorschlaghammer" ausgepackt haben, ist unklar. Es wäre zumindest denkbar, dass die Seevölker einen Scheinrückzug vorgetäuscht haben, um die Trojaner in Sicherheit zu wiegen, ehe sie die Stadt sodann im Handstreich einnahmen.

## Dammbruch

Was vom Hethiter-Reich noch übrig war, versuchte nun, sich auf eigene Faust durchzuschlagen. Der König von Zypern erklärte sich für unabhängig und nahm auch die hoheitlichen Rechte des untergegangenen Großreiches in der Region war. Dies erklärt auch, warum Ammurapi, der König von Ugarit, zuletzt mit Zypern korrespondierte, denn in Hattusa dürfte er zu dieser Zeit längst niemanden mehr erreicht haben.

Der Fall von Troja wirkte indes wie ein Dammbruch. Denn all die feindlichen Truppen, die Troja band, wurden schlagartig frei, als die Stadt unterging. In der Folge brach auch das vermeintlich sichere Zypern zusammen. Archäologen konnten im Falle Zyperns sogar konkret ermitteln, wo die Angreifer ursprünglich herkamen: Mykene.

Ägypten indes hatte mehr Glück. Dem Reich der Pharaonen gelang es, die Seevölker abzuwehren und den großen Kollaps einigermaßen zu überstehen. Ägyptische Quellen berichten, dass die Ägypter unter Ramses III. eine Flotte der Seevölker im Nildelta in eine Falle lockten und vernichteten. Über die Herkunft der Angreifer geben die ägyptischen Schreiber allerdings nur spärlich Auskunft: „Auf den Inseln inmitten des Meeres" sollen sie gelebt haben, heißt es nebulös.

Als es irgendwann nichts mehr zu plündern und zu zerstören gab, wurden die Seevölker sesshaft. So fanden Archäologen zahlreiche Spuren, dass die Invasoren fortan gemeinsam mit den Überlebenden in den Trümmern der Städte und auf den verwüsteten Gehöften lebten. Dies freilich auf einem sehr niedrigen Niveau. Die Schriftlichkeit verschwand und der Fernhandel kehrte so schnell nicht mehr zurück. Es sollte gut ein halbes Jahrtausend dauern, ehe Wissenschaft und Kultur wieder erblühten. ■

### LITERATUR

**Eric Cline:** *1177 v. Chr. Der erste Untergang der Zivilisation*, Wbg Verlag 2021

## Die Julikrise 1914

# EUROPAS URKATASTROPHE

**Ein Attentat löst einen Weltbrand aus: Die „Julikrise" sollte am Ende zum Kriegsausbruch führen, doch was geschah in diesen entscheidenden Wochen wirklich?**

Von Prof. Dr. Michael Epkenhans

**MIT HURRA IN DIE KATASTROPHE:** Der Erste Weltkrieg brach nicht unvermittelt aus. Vielmehr ging ihm eine gut einmonatige diplomatische Krise voraus. Das Bild zeigt einen nachgestellten Sturmangriff an der Westfront

Foto: SZ Photo

Der 28. Juni 1914 war ein sonniger Tag. Am Ende einer Manöverreise wollte der österreichisch-ungarische Thronfolger Franz Ferdinand die bosnische Provinzhauptstadt Sarajewo besuchen. Doch dort erwarteten ihn nicht nur die üblichen Honoratioren aus Stadt und Provinz, sondern auch gleich mehrere Attentäter. Nachdem ein erster Anschlag entlang der Strecke gescheitert war, gelang es einem zweiten Attentäter, dem 18-jährigen Studenten Gavrilo Princip, den Thronfolger und dessen Frau aus nächster Distanz zu erschießen.

Princip war kein Einzeltäter. Die Attentäter – insgesamt waren es sechs – waren zwar österreichisch-ungarische Staatsbürger, fühlten sich diesem Staat aber nicht zugehörig. Als Angehörige der serbischen Minderheit ging es ihnen vielmehr darum, den Traum vieler Serben von der Errichtung eines großserbischen Reiches zu verwirklichen. Ihre Organisationen wurden vom Chef des serbischen Geheimdienstes, Oberst Dragutin Dimitrijevi, unterstützt. Unter dem Decknamen „Apis" konnte dieser auf eine lange Liste geheimer Operationen und politischer Morde zurückblicken.

Die Aussagen eines Mitwissers führten bald auf die Spur der Verschwörer. Ihre Waffen, alle serbischer Herkunft, verstärkten zugleich den Verdacht, dass die Regierung in Belgrad hinter dem Attentat stand. Attentate auf Monarchen und Staatsmänner waren im ausgehenden 19. Jahrhundert keine Seltenheit. Sozialrevolutionäre und Anarchisten hatten zahlreiche Monarchen und Staatsmänner gezielt ermordet. Umso mehr gilt es zu fragen, warum dieses Attentat einen Weltkrieg auslöste.

Der Balkan war eine sensible Region. Die Balkankriege 1912/13 hatte die Herrschaft des

**KURZ VOR DEM ATTENTAT:** Der österreichische Thronfolger Franz Ferdinand mit seiner Frau Sophie vor dem Rathaus von Sarajewo

Fotos (3): SZ Photo

**MARTIALISCH:** Symbol der serbischen Geheimorganisation „Schwarze Hand", der auch der Attentäter Princip angehörte

Sultans in der Region beendet. Serbien hatte dabei sein Territorium erheblich erweitern können. Und nach dem Sieg über die osmanischen Armeen stand nur noch die Donaumonarchie einem großserbischen Staat im Wege.

Die besondere Brisanz jedes Konflikts, der in dieser Region seinen Ursprung hatte, lag in den sich überschneidenden Interessen der Großmächte auf dem Balkan und der unterschiedlichen Bündnisse, denen diese angehörten. Jeder lokale Krieg drohte daher, den Kontinent in Brand zu setzen, wenn sich die größeren Partner hinter einen der Beteiligten stellten.

## Wie reagieren?

Entscheidend und für den weiteren Verlauf der Krise war zunächst der Entschluss der Verantwortlichen in Wien, dieses Attentat auszunutzen, um den in den Jahren zuvor mehrfach erwogenen, dann aber nicht zuletzt auf deutschen Druck immer wieder verschobenen Krieg gegen Serbien zu führen. Nur energisches Auftreten gegen die großserbischen Ambitionen schien geeignet, eine Beschleunigung des inneren Verfalls und, damit verknüpft, den Verlust des Großmachtstatus' aufzuhalten. Entscheidend war, ob die Regierung in Berlin bereit sein würde, dieses Mal ein kriegerisches Vorgehen gegen Serbien zu decken und bei einem Eingreifen Russlands der Donaumonarchie zur Seite zu stehen.

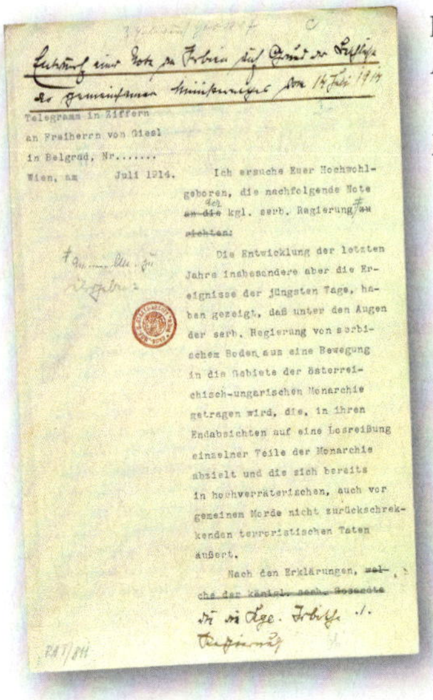

Telegramm in Ziffern
an Freiherrn von Giesl
in Belgrad, Nr.......
Wien, am Juli 1914.

Ich ersuche Euer Hochwohlgeboren, die nachfolgende Note ~~an die~~ der kgl. serb. Regierung ~~zu richten:~~

Die Entwicklung der letzten Jahre insbesondere aber die Ereignisse der jüngsten Tage, haben gezeigt, daß unter den Augen der serb. Regierung von serbischem Boden aus eine Bewegung in die Gebiete der österreichisch-ungarischen Monarchie getragen wird, die, in ihren Endabsichten auf eine Losreißung einzelner Teile der Monarchie abzielt und die sich bereits in hochverräterischen, auch vor gemeinem Morde nicht zurückschreckenden terroristischen Taten äußert.

Nach den Erklärungen, ~~welche der königl. serb. Gesandte~~

**DAS ULTIMATUM:** Dieser Entwurf des österreichischen Ultimatums an Serbien – man achte auf die redaktionellen Notizen – stammte vom 14. Juli

Um darüber Gewissheit zu erhalten, reiste Anfang Juli ein Sondergesandter, der junge Diplomat Karl Alexander Graf Hoyos, mit einem Handschreiben des greisen Kaiser Franz Joseph in die deutsche Hauptstadt.

## Der „Blankoscheck"

Das österreichische Bestreben, Serbien eine Lektion zu erteilen, hielten alle Verantwortlichen in Berlin – Kaiser, Reichskanzler und Auswärtiges Amt – in ihren Gesprächen mit dem österreichischen Sondergesandten für berechtigt. Unterschiede gab es jedoch bei der Einschätzung des damit verbundenen Risikos. Wilhelm II. glaubte nicht, dass aus dem lokalen Krieg – wenn es denn überhaupt dazu kommen würde – ein großer Kontinentalkrieg, geschweige denn ein Weltkrieg entstehen könnte. Unterstaatssekretär Arthur Zimmermann vom Auswärtigen Amt war hingegen, wie Hoyos später notierte, überzeugt, dass die

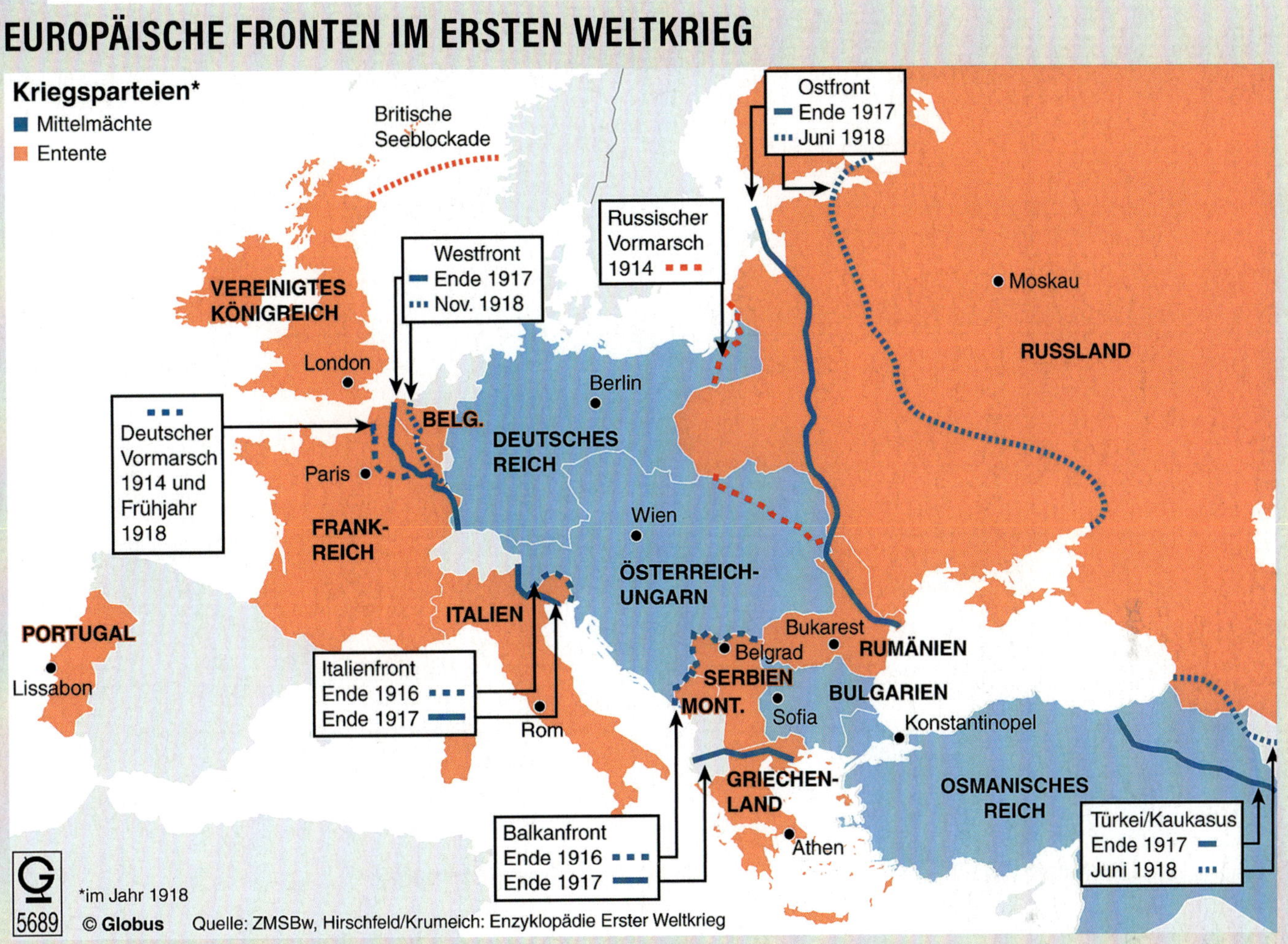

Grafik: dpa-infografik GmbH

Wahrscheinlichkeit eines großen Krieges „90 Prozent" betrug, da Russland einen Feldzug gegen Serbien nicht hinnehmen könne.

Gleichwohl, ohne sich wirklich Rechenschaft über die möglichen Szenarien gegeben beziehungsweise die eigene Unterstützung an bestimmte Bedingungen geknüpft zu haben, erklärte der Kanzler dem österreichischen Botschafter im Beisein von Vertretern des Auswärtigen Amts am 6. Juli, dass die Regierung in Wien „mit Sicherheit" darauf rechnen könne, „dass Deutschland als Bundesgenosse und Freund der Monarchie hinter ihr stehe." Kaiser und Kanzler drängten zugleich auf „ein sofortiges Einschreiten", hielten sie doch „jetzigen Augenblick für günstiger als einen späteren."

## Hollwegs Kalkül

Über die Motive des Reichskanzlers, als er den „Blankoscheck" ausstellte, ist viel spekuliert worden. Dieser war zwar kein Kriegstreiber, aber zunehmend besorgt über die Lage des Reiches. Durch energisches Auftreten wollte er den Zusammenhalt der Entente testen. „Kommt der Krieg aus dem Osten, sodass wir also für Oesterreich-Ungarn und nicht Oest[erreich]-Ungarn für uns zu Felde zieht, so haben wir Aussicht, ihn zu gewinnen. Kommt der Krieg nicht, will der Zar nicht oder rät das bestürzte Frankreich zum Frieden, so haben wir doch noch Aussicht, die Entente über diese Aktion auseinanderzumanövrieren."

Dieses Kalkül erschien verblüffend einfach und überzeugend, lagen die Vor- und Nachteile beider Alternativen – Krieg oder Frieden – doch offenkundig klar auf der Hand. Wenn der „alte Kaiser" sich tatsächlich für den lokalen Krieg gegen Serbien entschied, dann lag es am Zaren, daraus einen Kontinentalkrieg werden zu lassen, in dem das Reich dann wiederum eingreifen würde, um seine Bündnispflichten zu erfüllen. Würde der Zar aber in Erinnerung an die Attentate von Revolutionären auf seinen Vater und Großvater sich weigern, für „Königsmörder" in den Krieg zu ziehen oder Frankreich, dessen innenpolitische Verhältnisse in diesen Wochen völlig verworren waren, das Zarenreich militärisch unterstützen, dann bestand begründete Hoffnung, dass dieses als diplomatische Schlappe betrachtet und die Entente zerbrechen würde.

Wirklich kalkulierbar waren die Risiken bei Licht betrachtet aber nicht. Sein Kalkül war, wie der Kanzler selbst erkannte, „ein Sprung ins Dunkle", für den es aus seiner Sicht allerdings auch keine Alternative gab.

2. Extra-Ausgabe.

Bosnische Post

Organ für Politik und Volkswirtschaft.

Nr. 145. Sarajevo, Sonntag den 28. Juni 1914. XXXI. Jahrgang.

Das erste Attentat.

Oberleutnant Merizzi und mehrere Passanten verwundet. Der Täter verhaftet.

Das zweite Attentat.

Eine Bombe und Revolverschüsse gegen den Erzherzog und die Herzogin. Der Herzog in den Kopf und das Bein getroffen, die Herzogin durch einen Herzschuss getötet.

Die letzten Augenblicke des hohen Paares.

**AKTUELL:** Eine Extra-Ausgabe der *Bosnischen Post* berichtet noch am selben Tag, dem 28. Juni 1914, über die Attentate und den Tod des Erzherzogpaares

**IN DEN KRIEG:** Beim Auszug an die Front verabschiedet die Kaiserin Auguste Viktoria Offiziere des 1. Garderegiments

Foto: SZ Photo

Der deutschen Unterstützung gewiss, stellte die Regierung in Wien den Verantwortlichen in Belgrad am 23. Juli ein auf 48 Stunden befristetes Ultimatum. Darin forderte sie die serbische Regierung auf, der großserbischen Propaganda ein Ende zu setzen, gegen die in das Attentat verwickelten Personen vorzugehen beziehungsweise diese, soweit deren Namen inzwischen bekannt waren, festzunehmen sowie sich zu antiösterreichischen Äußerungen offizieller serbischer Stellen seit dem Attentat zu äußern. Absichtlich provokativ war die Forderung, österreichische Beamte bei dem Versuch mitwirken zu lassen, den Fall zu untersuchen und die antiösterreichische Propaganda in Serbien zu unterdrücken.

## Serbien antwortet

Die serbische Antwort vom 25. Juli war für viele Beobachter überraschend konziliant, nur Eingriffe in die eigene Souveränität lehnte die Regierung ab, da sie damit politischen Selbstmord begangen hätte. Der österreichische Gesandte hatte dies erwartet, bezeichnete die Antwort dementsprechend als unbefriedigend und reiste unverzüglich ab. Am 28. Juli – der 27. war ein Feiertag – erklärte Österreich Serbien den Krieg, am 29. begann österreichische Artillerie, dessen Hauptstadt Belgrad vom anderen Save-Ufer zu beschießen. War der große Krieg damit unvermeidlich?

Die Frage, inwieweit auch andere Regierungen Verantwortung an der „Urkatastrophe Europas" tragen, ist oft gestellt und höchst unterschiedlich beantwortet worden. Der Balkan war für Russland eine sensible Region. Als Schutzmacht aller Slawen hatte es dort im 19. Jahrhundert seine Position Schritt für Schritt ausgebaut. Die Erfolge der Balkanstaaten über das Osmanische Reich 1912/13 hatten diese Stellung gestärkt, aber auch die Frankreichs. Dieses hatte die Balkanstaaten politisch und mit Waffen unterstützt, da eine Stärkung der Balkanstaaten, allen voran Serbiens, auch den Zweibund Deutschland-Österreich schwächen musste. Je stärker Serbien war, umso mehr Kräfte musste die Donaumonarchie im Falle eines großen europäischen Konflikts im Süden anstatt im Norden und Osten gegen Russland binden. Dies sollte es Russland wiederum ermöglichen, mehr Kräfte gegen Österreich, vor allem aber gegen den eigentlichen Gegner Frankreichs, das Deutsche Reich, ins Feld schicken zu können.

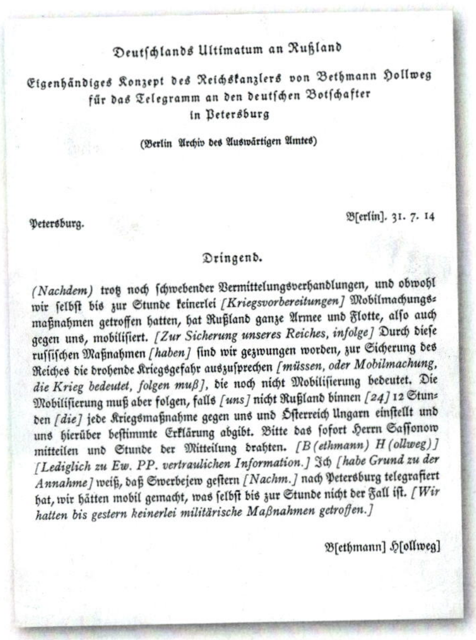

Deutschlands Ultimatum an Rußland

Eigenhändiges Konzept des Reichskanzlers von Bethmann Hollweg für das Telegramm an den deutschen Botschafter in Petersburg

(Berlin Archiv des Auswärtigen Amtes)

Petersburg. B[erlin]. 31. 7. 14

Dringend.

*(Nachdem)* trotz noch schwebender Vermittelungsverhandlungen, und obwohl wir selbst bis zur Stunde keinerlei *[Kriegsvorbereitungen]* Mobilmachungsmaßnahmen getroffen hatten, hat Rußland ganze Armee und Flotte, also auch gegen uns, mobilisiert. *[Zur Sicherung unseres Reiches, infolge]* Durch diese russischen Maßnahmen *[haben]* sind wir gezwungen worden, zur Sicherung des Reiches die drohende Kriegsgefahr auszusprechen *[müssen, oder Mobilmachung, die Krieg bedeutet, folgen muß]*, die noch nicht Mobilisierung bedeutet. Die Mobilisierung muß aber folgen, falls *[uns]* nicht Rußland binnen *[24]* 12 Stunden *[die]* jede Kriegsmaßnahme gegen uns und Österreich Ungarn einstellt und uns hierüber bestimmte Erklärung abgibt. Bitte das sofort Herrn Sassonow mitteilen und Stunde der Mitteilung drahten. *[B (ethmann) H (ollweg)] [Lediglich zu Ew. PP. vertraulichen Information.]* Ich *[habe Grund zu der Annahme]* weiß, daß Swerbejew gestern *[Nachm.]* nach Petersburg telegrafiert hat, wir hätten mobil gemacht, was selbst bis zur Stunde nicht der Fall ist. *[Wir hatten bis gestern keinerlei militärische Maßnahmen getroffen.]*

B[ethmann] H[ollweg]

## Trügerische Ruhe

Der Anschein, der Krieg könne angesichts der Tatsache, dass äußerlich lange gar nichts geschah, da viele Verantwortliche wie der deutsche Kaiser und der Chef des Generalstabs sogar in den Urlaub fuhren, vermieden werden oder wenigstens lokalisiert bleiben, trog. Je deutlicher es wurde, dass Österreich

**„DRINGEND": Mit diesem Telegramm forderte Berlin Russland ultimativ auf, die Mobilmachung zurückzuziehen. Am nächsten Tag erklärte Deutschland dem Zarenreich den Krieg**

Foto: SZ Photo

**„LIEBESGABEN“:** Bei der Verabschiedung eines österreichischen Regiments verteilt ein Soldat Geschenke der Bevölkerung an die ausziehenden Soldaten, hier in Form von Wurst Foto: SZ Photo

mit deutscher Rückendeckung einen Krieg gegen Serbien plante, umso mehr begannen die anderen Mächte vor einem großen Krieg zu warnen beziehungsweise sich auf diesen vorzubereiten. Der russische Außenminister machte früh klar, „Russland würde es nicht dulden können, dass Österreich-Ungarn Serbien gegenüber eine drohende Sprache führe oder militärische Maßregeln treffe."

Staatspräsident Raymond Poincaré, der in diesen Tagen zu einem offiziellen Besuch in St. Petersburg weilte, sicherte dem Zaren gleich mehrfach wohl „nicht allein die politische, sondern auch die militärische Unterstützung Frankreichs für den Fall einer Eskalation der Krise" zu.

## Die Lichter gehen aus

Nach Kenntnis des Ultimatums begann Russland auch, sich auf einen möglichen Krieg vorzubereiten. Am 24./25. Juli beschloss der russische Ministerrat die Teil-, am 30., nach der Beschießung Belgrads, die Generalmobilmachung.

Viel hing in der Krise von der Haltung der englischen Regierung ab. Außenminister Grey hielt sich zunächst zurück. Offenkundig wollte er weder die Deutschen provozieren noch die eigenen Partner ermutigen, sich unversöhnlich zu verhalten. Inwieweit Grey mit seiner zögerlichen Haltung eine Chance vertan hat, den großen Konflikt rechtzeitig zu verhindern, ist schwer zu sagen.

Das Dilemma dieser Tage, in denen hektisch Telegramme zwischen den verschiedenen Hauptstädten hin- und hergeschickt wurden, war, dass die Regierungen in Wien und Berlin den lokalen Krieg auf dem Balkan wollten. Konsequent lehnte die Reichsleitung daher alle Vermittlungsversuche ab. Am 27. Juli ließ sie die Regierung in Wien sogar offiziell wissen, dass sie auf Kompromissvorschläge allenfalls zum Schein eingehen würde und Österreich sich daher dieses Mal keine Sorgen über die Verlässlichkeit des Bündnispartners machen müsste.

Für den Kanzler war die Mitteilung des englischen Außenministers am Abend des 29. Juli, England könne bei einem deutschen Angriff auf Frankreich nicht neutral bleiben, ein Schock. Sein Versuch, mit den in der gleichen Nacht abgesandten berühmten

**HAT SICH VERZOCKT:** Der Versuch des Reichskanzlers Theobald von Bethmann-Hollweg, den Krieg lokal zu begrenzen, scheiterte kolossal Foto: SZ Photo

**AUSMARSCH:** Unter dem Jubel der Bevölkerung zieht ein Münchner Infanterieregiment 1914 in den Krieg Foto: SZ Photo

„Weltbrandtelegrammen" doch noch, wenngleich ohne den dann eigentlich gebotenen Nachdruck, die Katastrophe aufzuhalten, war angesichts des bereits begonnenen Krieges der Donaumonarchie gegen Serbien wenig aussichtsreich. Dort überwog bereits die Euphorie die Sorge vor einer möglichen Katastrophe.

## Die Rolle der Militärs

Parallel erhöhten die Militärs in St. Petersburg, Berlin und Paris ihren Druck auf die Politik. Sie forderten klare Entscheidungen. Jeder Zeitverlust gefährdete den vorgesehenen Aufmarsch und damit den für sicher gehaltenen Sieg. Der Schlieffen-Plan konnte nur funktionieren, wenn er mit der Präzision eines Uhrwerks rechtzeitig in Gang kam: Aus strategischen Gründen strebte er nach einem Marsch durch das neutrale Belgien einen schnellen Sieg gegen Frankreich an – egal, ob Frankreich nun direkt involviert war oder nicht. Sodann, so hofften die Strategen, würde Russland leichter zu schlagen sein, wenn es nicht ohnehin von sich aus aufgebe. Für die anderen Aufmarschpläne – ob es nun der französische Plan XVII oder der russische Plan 19 war – galt dies gleichermaßen.

Doch so sehr die Generale in den jeweiligen Hauptstädten auch drängten, am Ende waren es die Politiker, die die Entscheidungen fällten: in Berlin Reichskanzler Bethmann Hollweg, der erst dann dem Drängen der Generäle nachgab, als Russland mit der Generalmobilmachung (30. Juli) vorgeprescht war und damit die innenpolitisch notwendige Rechtfertigung für eine allgemeine Mobilmachung (31. Juli) einschließlich Kriegserklärung zunächst an das Zarenreich (1. August), dann an Frankreich (3. August) geliefert hatte. In den anderen Hauptstädten war es ähnlich: Auch dort entschieden die Politiker. Am geringsten war der Einfluss der Militärs in England, das am 4. August auch als letztes Land in den Krieg eintrat.

**EUPHORIE:** „Brückenbaukommando Calais–Dover" respektive „Berlin–Brüssel–Antwerpen–London" haben diese Soldaten optimistisch auf die Waggons geschrieben Foto: SZ Photo

Obwohl Außenminister Grey die Haltung seiner Regierung in den Tagen zuvor hinreichend klar gemacht hatte, spekulierten die Verantwortlichen in Berlin weiterhin auf die englische Neutralität, und sei es nur für die ersten Kriegswochen, so unberechtigt diese Hoffnung objektiv auch gewesen sein mag. Diese Hoffnung erwies sich mit dem deutschen Einmarsch in Belgien jedoch allerdings als Illusion. Der Versuch des Kanzlers, die Verletzung der belgischen Neutralität mit der „Pflicht der Selbsterhaltung" zu begründen, verfing in London nicht. Seit dem 4. August betrachtete sich auch England, das keineswegs bereit war, eine deutsche Hegemonie auf dem Kontinent zu dulden, als im Kriegszustand mit Deutschland. Damit trat das ein, was der badische Gesandte in Berlin, Graf Berckheim, bereits am 3. August 1914 nach Karlsruhe berichtet hatte: „Es wird ein Krieg aller gegen alle entbrennen, wie ihn die Weltgeschichte noch nicht erlebt hat."

## Wer war „schuld"?

In den Friedensverträgen von Versailles, St. Germain und Trianon haben die Alliierten 1919/20 Deutschland, Österreich und Ungarn als alleinige Verantwortliche für den Ausbruch des Weltkrieges bezeichnet. Zeitgenossen und Historiker sollten über diese Stigmatisierung jahrzehntelang streiten, auch wenn viele neue

**HATTE ES IN DER HAND:** Kaiser Wilhelm II., hier 1918 im Gespräch mit einem Arbeiter, griff erst dann aktiv in die Julikrise ein, als es bereits zu spät war Foto: SZ Photo

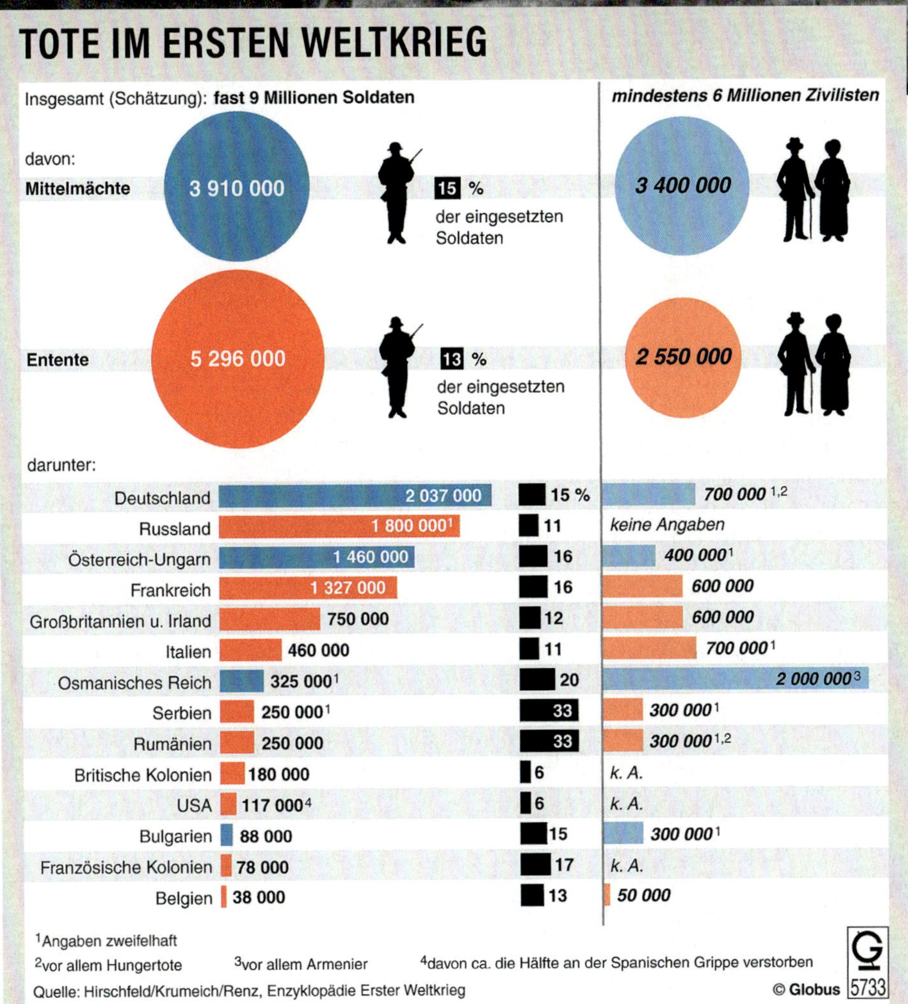


Grafik: dpa-infografik GmbH

deutsche Quellen diesen Vorwurf seit den Forschungen des Hamburger Historikers Fritz Fischer in Teilen für nicht unberechtigt hielten.

Anlässlich des 100. Jahrestags des Kriegsausbruch 2014 hat der australisch-britische Historiker Christopher Clark die Wogen vor allem aus deutscher Perspektive „geglättet". „Der Kriegsausbruch von 1914 ist kein Agatha-Christie-Thriller, an dessen Ende wir den Schuldigen im Konservatorium über einen Leichnam gebeugt auf frischer Tat ertappen. In dieser Geschichte gibt es keine Tatwaffe als unwiderlegbaren Beweis, oder genauer: Es gibt sie in der Hand jedes einzelnen wichtigen Akteurs. So gesehen war der Kriegsausbruch eine Tragödie, kein Verbrechen", so seine zentrale These. Andere wie die in Großbritannien lehrende Historikerin Annika Mombauer haben ihm widersprochen unter Hinweis darauf, dass „die Mittelmächte eine Politik der Täuschung während der Julikrise [betrieben hätten], ausgerichtet auf einen Kriegsausbruch unter günstigen Voraussetzungen, solange für sie noch Aussichten bestanden, siegreich aus einem großen Krieg hervorzugehen." Wiederum andere haben die aggressive Rolle russischer und französischer Politiker und Militärs oder auch die unentschiedene Haltung Großbritanniens hervorgehoben. Ob neue Dokumente jemals eine klare Antwort auf die leidige „Schuldfrage" erlauben werden, bleibt abzuwarten.

HINTERGRUND

## ALS DEUTSCHLAND DEN ERSTEN WELTKRIEG GEWANN

Mit der russischen Generalmobilmachung am 30. Juli 1914 schienen die Würfel gefallen zu sein. In der Schublade lag nur ein Kriegsplan, Schlieffens großes Werk, und dieser sah eben einen Hauptstoß gegen Frankreich vor – unabhängig davon, ob Frankreich nun tatsächlich in den Krieg eintreten wollte oder nicht. Insofern schien der „Weltenbrand" bereits in dem Moment vorgezeichnet zu sein, als Österreich-Ungarn Serbien den Krieg erklärte – ganz so, als ob eine Kette von Dominosteinen umkippt. Tatsächlich aber hätte es für die deutsche Seite Alternativen gegeben. Alternativen, die allesamt besser gewesen wären als die verhängnisvollen Entscheidungen, die Berlin am Ende getroffen hat.

In den Jahren vor dem Ersten Weltkrieg durchlitt das Kaiserreich einen strategischen Albtraum. Frankreich und Russland waren miteinander verbündet und die Milliardenzahlungen, die von Paris nach St. Petersburg flossen mit dem Ziel, die westliche Infrastruktur kriegsmäßig auf Vordermann zu bringen, ließen keinen Zweifel offen, dass das französisch-russische Bündnis kein billiger Werbegag der Rüstungsindustrie war. Aus exakt diesem Grund gab es in Deutschland Stimmen, die dafür plädierten, die Julikrise bewusst zu nutzen, um einen großen Krieg vom Zaun zu brechen. Einzelne Politiker und Generäle hofften, auf diese Weise die strategische Umklammerung aufbrechen zu können. Und allein die schiere Größe Russlands mahnte scheinbar zur Eile – wenn Russland bereits 1914 ein mehrere Millionen Mann starkes Heer mobilisieren konnte, wie würde das erst 1924 aussehen? Die Argumentation der Kriegstreiber mag auf dem ersten Moment schlüssig erscheinen, doch ist sie in Wahrheit grundfalsch.

Der allgemeine Rüstungswettlauf der Großmächte hat in allen beteiligten Ländern zu turmhohen Schuldenständen geführt, die immer bedrohlicher wackelten, je mehr Schippen die Regierungen oben drauf legten. Deutschland etwa war am Vorabend des Ersten Weltkrieges mit rund zehn Prozent seines Bruttoinlandsprodukts (BIP) verschuldet. Das mag im Vergleich zu heute traumhaft klingen, doch muss man bedenken, dass die damaligen Staaten nur einen vergleichsweise geringen Teil ihres BIP als Einnahme abschöpfen konnten. In Deutschland gab es beispielsweise keine Lohn- oder Einkommenssteuer. Und da zudem die Zinsen im Vergleich zu heute sehr hoch waren, musste das Kaiserreich rund 15 Prozent seiner Einnahmen für den Schuldendienst verwenden – heute beträgt dieser Wert lediglich zwischen fünf und sechs Prozent. Der entscheidende Punkt ist: Bei den anderen Großmächten sah es weitaus schlimmer aus. Frankreich war mit knapp 20 Prozent seines BIP verschuldet und Großbritannien näherte sich bereits der 30-Prozent-Marke. In Russland wiederum war die wirtschaftliche Lage derart desolat, dass das Land stolze sieben Prozent seines BIP in die Rüstung stecken musste, um mit der Konkurrenz mithalten zu können (Frankreich, Großbritannien und Deutschland investierten je nur etwa zwei Prozent ihres BIP in die Rüstung).

Erschwerend kam hinzu, dass die Wirtschaft und auch die Bevölkerung in Deutschland solide Wachstumszahlen aufwiesen, während Frankreichs Bevölkerungswachstum stagnierte. Mit anderen Worten: Die Zeit arbeitete für Deutschland. Nationalökonomen haben dies damals auch durchaus erkannt und dafür plädiert, Frankreich schlichtweg zu Tode zu rüsten, denn lange hätte sich Paris den Rüstungswettlauf nicht mehr leisten können. Die Alternative wäre Krieg oder Bankrott gewesen. Hätte die politische Führung in Berlin mehr Weitsicht besäßen, hätte sie im Juli 1914 um jeden Preis

**NAPOLEON LÄSST GRÜSSEN:** **Dass sich Deutschland von Anfang an auf die Westfront fixiert hatte, war auch dem Umstand geschuldet, dass die deutsche Führung ursprünglich keinen Ostfeldzug geplant hatte. Eine aktive Kriegführung wie im Westen hielt man aus logistischen Gründen kaum für möglich**

Foto: SZ Photo

versucht, einen Krieg zu vermeiden, auch auf die Gefahr hin, eine herbe diplomatische Niederlage zu erleiden.

Bekanntlich hat es eben jene Führung an Weitsicht fehlen lassen und im August war der große Krieg Realität. Aber hat es tatsächlich keine Alternative zum Schlieffen-Plan gegeben? Im Nachhinein erscheint es grotesk: Da hatte Deutschland Millionen und Abermillionen von Mark in den Bau von Festungsanlagen an der deutsch-französischen Grenze investiert, nur um dann im neutralen Belgien einzumarschieren, was sodann die britische Kriegserklärung provozierte. Hätte Berlin hingegen darauf verzichtet, Frankreich den Krieg zu erklären, hätte es mit der Masse seines Heeres im Osten aufmarschieren können. Auf diese Weise hätten die Mittelmächte möglicherweise auch die katastrophalen Auftaktniederlagen der k. u. k. Streitkräfte gegen Russland abwenden oder zumindest abmildern können.

Sicherlich wäre Frankreich eher früher als später an Russlands Seite in den Krieg eingetreten. Schon allein deshalb, weil Frankreich ein übermächtiges Deutschland fürchtete. Doch der tatsächliche Kriegsverlauf zeigt deutlich, dass die Mittelmächte Elsaß-Lothringen auch mit relativ geringen Kräften hätten verteidigen können.

**IM TRICHTERGELÄNDE:** Unter schwerem Beschuss suchen deutsche Soldaten im Juli 1918 Deckung. Die Frühjahrsoffensive war zu dieser Zeit bereits längst gescheitert Foto: SZ Photo

Und was noch viel wichtiger ist: Großbritannien hätte in diesem Szenario nicht so ohne Weiteres Deutschland den Krieg erklären können, auch wenn dies vermutlich irgendwann geschehen wäre. Bis dahin aber hätte Deutschland die fehlende Handelsblockade nutzen können, um sich vernünftig zu bevorraten. Zudem wäre Russland womöglich schneller kollabiert, wenn sich die Mittelmächte von Anfang an auf das Zarenreich fokussiert hätten. Und eben dies wäre der Schlüssel für den Sieg im Ersten Weltkrieg gewesen.

*Stefan Krüger*

**AUSHÄNGESCHILD:** Die Bundeswehr erreichte in den 1980er-Jahren den Höhepunkt ihrer Schlagkraft während des Kalten Krieges. Hätte sie es im Ernstfall mit der NVA aufnehmen können? Im Bild sind Leopard-Panzer während einer Feldparade anlässlich des 30. Jahrestages der NATO zu sehen, 1985 Foto: picture alliance/Klaus Rose

DIE BUNDESWEHR IN DEN 1980ER-JAHREN

# Der Gigant am Rhein

**Die Bundeswehr gilt aktuell als großes Sorgenkind der Republik. Zahlreiche Baustellen, kaum Hände, die diese abarbeiten. In den 1980er-Jahren hingegen sah dies noch ganz anders aus, als sich Ost und West hochgerüstet am Eisernen Vorhang gegenüberstanden**

Von Dr. Guntram Schulze-Wegener

Der Unteroffizier hieß Hirtreiter. Und weil wir ein Zug von Abiturienten waren, uns für sehr klug und den Unteroffizier für ziemlich dumm hielten, nannten wir ihn Hirnreiter. Er war etwas dicklich und hatte eine eigenartig hohe Stimme, die sich auf dem „Ex"-Platz allerdings zu einem gewaltigen Organ auswachsen konnte. Je nachdem, ob wir spurten oder uns lustig machten.

Wir, das waren etwa 30 Panzergrenadiere des 1. Zuges der Stabskompanie MKF 2/2 (Militärkraftfahrer), die nach der dreimonatigen Grundausbildung der Einsatz im gehobenen Stabsdienst erwartete. Und wir hatten ein albernes Kichern einstudiert, von dem wir beim Exerzieren regelmäßig Gebrauch machten. Natürlich merkte Hirtreiter das und ließ uns schwitzen. Doch sein feistes Gesicht zerknirscht zu sehen, machte alles wett und da wir jünger und sportlicher waren als er und einiges wegstecken konnten, feixten wir also weiter und hatten unseren Spaß daran.

Auch sonst nahmen wir nicht viel ernst in dieser Zeit und in dieser aus flachen Fertighäuschen bestehenden kasernenähnlichen Anlage nahe Warburg im Osten Nordrhein-Westfalens, die tatsächlich „Lager" hieß. Frühmorgens schreckten wir daher nicht durch die Pfeife des UvD hoch, sondern

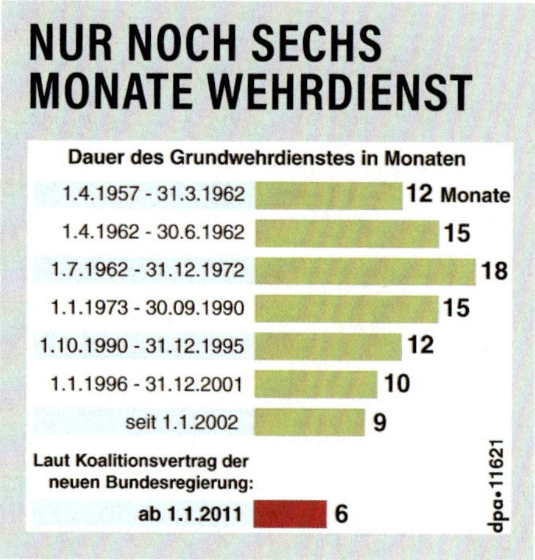


durch ZZ Top (*Gimme All Your Lovin*) oder Modern Talking (*Cheri Cheri Lady*), mit denen ein Witzbold von Stube 3 überlaut die Gänge beschallte. Unseren Kompaniechef, ein gutmütiger Hauptmann mit Vollbart und nach meiner Erinnerung der einzige Offizier der Garnison, sahen wir nur einmal in der Woche, immer freitags, wenn er seine Kompanie mit einem dreifach donnernden „Panzergrenadiere – dran, drauf, drüber" ins Wochenende entließ.

Der „Spieß" war ein in die Jahre gekommener Hauptfeldwebel, mit reichlich Dekoration an der Brust, rollendem „R" und Bierfahne, der gefühlt noch die Ardennen-Offensive mitgemacht haben mochte und den „Kommisskopp" schlechthin verkörperte. Vor dem hatten wir gehörigen Respekt, denn dieser kleine Mann konnte brüllen, dass die Barackenwände wackelten.

## „Stell dir vor, es ist Krieg"

Im „Staatsbürgerlichen Unterricht" redete man gern von der sowjetischen Gefahr und der Notwendigkeit einer starken NATO als Bollwerk gegen den Warschauer Pakt und machte uns mit Waffen bekannt, die den Osten abschrecken sollten. Wir, die wir Bücher von Oskar Lafontaine und Anton Andreas Guha lasen und jeden Helmut-Kohl-Verriss im *Spiegel* genüsslich aufsogen, hielten das für reichlich übertrieben. West und Ost hatten einander in diesem Jahrhundert genug Leid zugefügt. Wir lebten nunmehr seit exakt 40 Jahren friedlich koexistierend auf einem Kontinent, den wir nicht ein drittes Mal verwüsten würden. „Stell Dir vor, es ist Krieg, und keiner geht hin", war ein Graffiti aus der pazifistischen Ecke und durchweg auch unsere Meinung.

Die Bundeswehr sahen wir zwar als „irgendwie" wichtig und richtig an, schließlich hatten wir alle freiwillig die Uniform angezogen, um dem Vaterland treu zu dienen

**ÜBEN, ÜBEN, ÜBEN:** Rekruten der Bundeswehr zerlegen im Jahr 1984 ihre G3-Sturmgewehre Foto: picture alliance/Ulrich Baumgarten

1

2

3

DOKUMENT

## DIE STRATEGIE DER BUNDESWEHR

„Im Krieg müssen die Streitkräfte der Bundesrepublik Deutschland gemeinsam mit den verbündeten Streitkräften – und in enger Zusammenarbeit mit anderen Organen des Staates – die Sicherheit und Integrität der Bundesrepublik Deutschland erhalten oder wiederherstellen. Zweck ihres Einsatzes wäre es, den Krieg bei größtmöglicher Begrenzung des Schadens so schnell wie möglich unter politisch annehmbaren Bedingungen zu beenden und die Abschreckung wiederherzustellen."

*Weißbuch 1985*, Seite 77

**1 IN STELLUNG: Eine Panzerhaubitze vom Typ M 109 G auf dem Übungsplatz in Baumholder** Foto: picture-alliance/dpa

**2 FEUERKRAFT: Auch Raketenwerfer durften im Arsenal nicht fehlen, hier 1982 bei einer Übung** Foto: picture alliance

**3 DIE FÜHRUNG: Bundesverteidigungsminister Rupert Scholz und Bundeskanzler Helmut Kohl schreiten 1988 eine Ehrenformation ab** Foto: picture-alliance/dpa

und das Recht und die Freiheit unseres Volkes tapfer zu verteidigen. Aber gegen wen, das wussten wir nicht so recht, denn der Gegner war für uns diffus, ja imaginär und der Russe per se gut. Hatte nicht ein paar Wochen bevor wir eingezogen worden waren, der allen sehr sympathische Generalsekretär des Zentralkomitees der KPdSU Michail Gorbatschow vertrauensvoll und offen mit Bürgern auf den Straßen von St. Petersburg gesprochen? Das war epochal, das hatte es seit Lenins Zeiten nicht mehr gegeben.

So war die Stimmung drinnen. Und draußen? Die Alten lobten („Die Wehrmacht [sic!] ist die Schule der Nation, da lernst Du Disziplin und Ordnung"), für unsere Eltern gehörte es zum Erwachsenwerden und unsere Altersgenossen, die nicht oder noch nicht „beim Bund" waren, belächelten uns mehr als sie uns bemitleideten. Während die in ihrer Ausbildung schon ordentliches Geld verdienten und Golf GTI fuhren, krebsten wir bei etwa 300 DM monatlich rum und duckten uns in der Disco lieber weg.

## Schluck aus der Pulle

„Sonntagnacht – zurück zum Bund – ich bin ja so ein armer Hund!" Udo Lindenberg brachte das eher gleichgültige Gefühl auf den Punkt, das uns beschlich, wenn das hinter uns zuknallende Kasernentor eine neue Lebenswoche in der kleinen „Lager"-Welt einläutete. Dort richteten wir uns mittlerweile leidlich ein und kamen mit allen gut aus. Auch mit Hirtreiter, der sich übrigens als ein sehr fürsorglicher und kameradschaftlicher Gruppenführer entpuppte: Bei der 36-Stunden-Übung gab er uns nachts im kalten Schützenloch einen anständigen Schluck aus der Pulle, sodass es warm im Bauch wurde.

Vielleicht kam uns alles auch deshalb so gefällig vor, weil es Grenzen gab. Der Kalte Krieg schuf Klarheit: Wer zuerst schießt, stirbt als zweiter. Also schießt niemand. Dass die Bundeswehr neben dem Heer auch eine Marine und Luftwaffe hatte – von letzteren beiden sahen wir während der Grundausbildung keinen einzigen Angehörigen –, war allenfalls schön zu wissen. Dislozierungen, Größenordnungen, Waffensysteme, Verbündete, Aufmarschgebiete et cetera waren für uns ebenso weit entfernt wie eine konkrete militärische Gefahr aus dem Osten, die für uns 18-, 19-Jährige nicht die Lebenswirklichkeit im Jahre 1985 spiegelte. Boris Becker war unser Vorbild, nicht Verteidigungsminister Manfred Wörner.

Von einer „groß angelegten Aggression des Warschauer Paktes in Europa mit dem Ziel der Unterwerfung und Inbesitznahme Westeuropas", wie die Bundeswehr das nach wie vor geltende Bedrohungsszenario in den „verteidigungspolitischen Richtlinien" von 1982 skizzierte, wollten wir schlicht nichts wissen – und mussten während der ersten Wochen unseres Wehrdienstes doch registrieren, dass Politik und Militär davon weiterhin ausgingen. Zugegeben, Taten waren den zweifellos einnehmenden Auftritten Gorbatschows im In- und Ausland noch nicht gefolgt.

Trotz großer und weiterhin steigender konventioneller Schlagkraft bildete der Einsatz von Nuklearwaffen für den Krieg in Mitteleuropa den Kern der sowjetischen Militärdoktrin. Der NATO-Doppelbeschluss von 1979

galt, den der sozialdemokratische Bundeskanzler Helmut Schmidt und sein noch viel sozialdemokratischerer Verteidigungsminister Hans Apel befürworteten, sodass nach ihnen, ab Dezember 1983, neue Atomraketen in Westeuropa stationiert wurden (108 Pershing II und 496 Cruise Missiles).

1

## Angriff in mehreren Staffeln

Unter dem politischen Slogan „Mut zur Rüstung" sorgte also bereits mit der sozialliberalen Regierung das massive atomare Nachlegen für den Fortbestand des „Gleichgewichts des Schreckens". Unabhängig von der atomaren Absicherung und klaren Unterlegenheit konventioneller Kräfte (1985: 495.000 Soldaten gegenüber 400.000 allein sowjetischen Soldaten nur auf DDR-Gebiet) setzte die Bundeswehrführung darauf, die militärische Stärke im Verteidigungsfall durch Mobilisieren von Reserven auf 1,3 Millionen Mann zu erhöhen. Die Warnzeit von 48 Stunden sollte für angemessene Vorbereitungen ausreichen, die Reserve zu beordern und die Verteidigungsräume zu beziehen.

Würden die Armeen der Warschauer-Pakt-Staaten tatsächlich zum Großangriff antreten, so war es die Aufgabe der westdeutschen Streitkräfte, den ersten Stoß abzufangen, damit die Politik alle Maßnahmen ergreifen konnte, um den Konflikt zu beenden. Demgegenüber stand die zutiefst menschenverachtende Vernichtungsstrategie der Ost-Armeen, in mehreren Staffeln zu attackieren – bis der Durchbruch endlich gelungen war.

Gedrängt von einem zum schlichten Freund-Feind-Muster neigenden US-Präsidenten Ronald Reagan, der die Sowjetunion am 27. Mai 1981 das „Reich des Bösen" genannt hatte, arbeiteten die Amerikaner konzeptionell fieberhaft daran, durch einen begrenzten Atomschlag in die Tiefe des gegnerischen Aufmarschgebietes bereits die 2. Staffel am Einsatz zu hindern. Sie wurden von der deutschen Regierung unterstützt, die darin die beste Möglichkeit sah, das Prinzip der „Vorneverteidigung" zu realisieren. Neue Schübe in der Rüstungstechnologie ließen Überlegungen zur „Follow-on Forces Attack" (FOFA) in eine „Long Term Planning Guideline for FOFA" münden und gaben dieser innovativen Taktik einen Namen.

Vorläufiger Höhepunkt der zu beobachtenden Eskalation war das US-Programm SDI (Strategic Defense Initiative), das einen Weltraum-Abwehrschirm gegen sowjetische

**1 HOFFNUNGSTRÄGER:** Gorbatschow gelang es, die latente Kriegsgefahr zwischen Ost und West abzubauen
Foto: picture alliance/Yuri Lizunov/TASS

**2 PROTEST:** Obwohl es ihnen verboten war, nahmen Soldaten der Bundeswehr in Uniform am 22. Oktober 1983 an einer Großkundgebung im Bonner Hofgarten teil und demonstrierten gegen die Stationierung atomarer Mittelstrecken-Raketen in Westeuropa
Foto: picture-alliance/dpa

**3 LETZTER TAG:** Verteidigungsminister Manfred Wörner bei seiner Verabschiedung im Jahr 1988
Foto: pa/dpa

Interkontinentalraketen vorsah. Dieser „Krieg der Sterne", wie sich SDI umgangssprachlich schnell einbürgerte, verwarf urplötzlich das bestehende, Sicherheit im Atomzeitalter garantierende Prinzip der Zweitschlagfähigkeit: Würde der Feind bereits über den Wolken zerstört, konnten die USA einen Atomschlag mit Aussicht auf einigen Erfolg ausführen – aber mit katastrophalen Auswirkungen für Europa.

Kein Wunder, dass sich gegen diese Art der konventionellen wie auch atomaren „Kriegführungsfähigkeit" in Deutschland nicht nur

**SPEERSPITZE:** Die Leopard-Kampfpanzer wären im Kriegsfall vermutlich das schärfste Schwert der Bundeswehr gewesen
Foto: picture alliance

massiver gesellschaftsweiter Protest erhob („Friedensbewegung"), sondern es auch bundeswehrintern knirschte. Hohe, politisch engagierte Offiziere wie Admiral Elmar Schmähling, General Gert Bastian und Oberst Klaus von Schubert gerieten ins Kreuzfeuer der Kritik einer zur Toleranz anderer Ansichten unfähigen Bundeswehrführung. Offiziere aus dem Mittelbau, Hauptleute und junge Stabsoffiziere, die gegen eine als Wahnsinn empfundene Atombomben-gestützte Verteidigung rebellierten, mussten erst über Gerichtsverfahren eine Rehabilitierung erstreiten.

## Neue Waffen

Der bis zum 1. April 1983 amtierende Generalinspekteur der Bundeswehr, General Jürgen Brandt, versuchte, die Verunsicherungen im Offizierkorps und Risse im inneren Gefüge durch nach außen sichtbare praktische Leistungen zu übertünchen. Ihm lag viel an neuen Waffensystemen, die durch signifikante technische Innovationen eben diese Vorneverteidigung gegen einen „zahlenmäßig überlegenen, hoch beweglichen und enorm feuerstarken mechanisierten Feind" ermöglichen sollten. Die Heeresstruktur 4, geltend von 1980 bis 1992, sah den Schwerpunkt daher bei modernisierten gepanzerten Kräften (Kampfpanzer Leopard 2, Panzerabwehrraketen Milan, HOT und TOW, Panzerabwehrmine AT 2).

Dies galt ebenso für die Luftwaffe, die ihren neuen Jagdbomber Tornado künftig in die Lage versetzen würde, weiter im feindlichen Hinterland operieren zu können, und für die Marine, der man den Wert moderner Einheiten durch den Falkland-Krieg zwischen Großbritannien und Argentinien im Frühsommer 1982 vor Augen geführt hatte. Nicht von ungefähr ist im Mai jenes Jahres die erste von acht Fregatten des Typs 122 in Dienst gestellt worden (F 207 „Bremen"). Außerdem erweiterte die bis dahin primär auf die Ost-

**IN FORMATION:** Während die Bundeswehr häufig US-Gerät erhielt, griff die NVA auf sowjetische Muster wie diese MiG 23 zurück
Foto: picture alliance/ZB/euroluftbild.de

**1 MIT COKE UND KIPPEN:** Die Verbände der Bundeswehr hielten im Kalten Krieg regelmäßig Feldübungen ab Foto: picture alliance/Klaus Rose

**2 ALTES EISEN:** Im Kalten Krieg gefürchtet, nach der Wende ausgemustert: Schützenpanzer der NVA, hier im Juli 1990 Foto: picture alliance/ZB

**3 ZENTRUM DER MACHT:** Nach 1990 erhielt die Bundeswehr auch Zugang zum technischen Herzstück des Führungsbunkers der DDR-Staatsführung. Erich Honecker wollte hier einen möglichen Atomkrieg überleben Foto: picture-alliance/dpa

see konzentrierte Marine ihren Aktionsradius für die „Vorneverteidigung auf See“ durch Aufnahme der gesamten Nordflanke sowie den Schutz von Seeverbindungslinien im Atlantikraum. Mitte der 1980er-Jahre verfügte die Bundesmarine über 24 U-Boote, 40 Flugkörper-Schnellboote, 112 neue Marinejagdbomber Tornado und acht Fregatten der Bremen-Klasse.

Als sich im Herbst 1982 mit der Abwahl der sozialliberalen Koalition der politische Wechsel vollzog, waren bereits alle Weichen für die künftige rüstungstechnische Ausrichtung der Bundeswehr gestellt. Die viel zitierte „geistig-moralische Wende“ durch die Regierung Kohl berührte das Wesen der Streitkräfte nicht. Der neue Generalinspekteur General Wolfgang Altenburg beschritt den Weg seines Vorgängers weiter: entschlossene „Vorneverteidigung und Kriegsverhinderung durch Abschreckung“, wobei auch Altenburg, der den Zweiten Weltkrieg auf eigenem Boden erlebt hatte, deutlich machte, dass er sich einen nuklearen Schlagabtausch eigentlich gar nicht vorstellen könne.

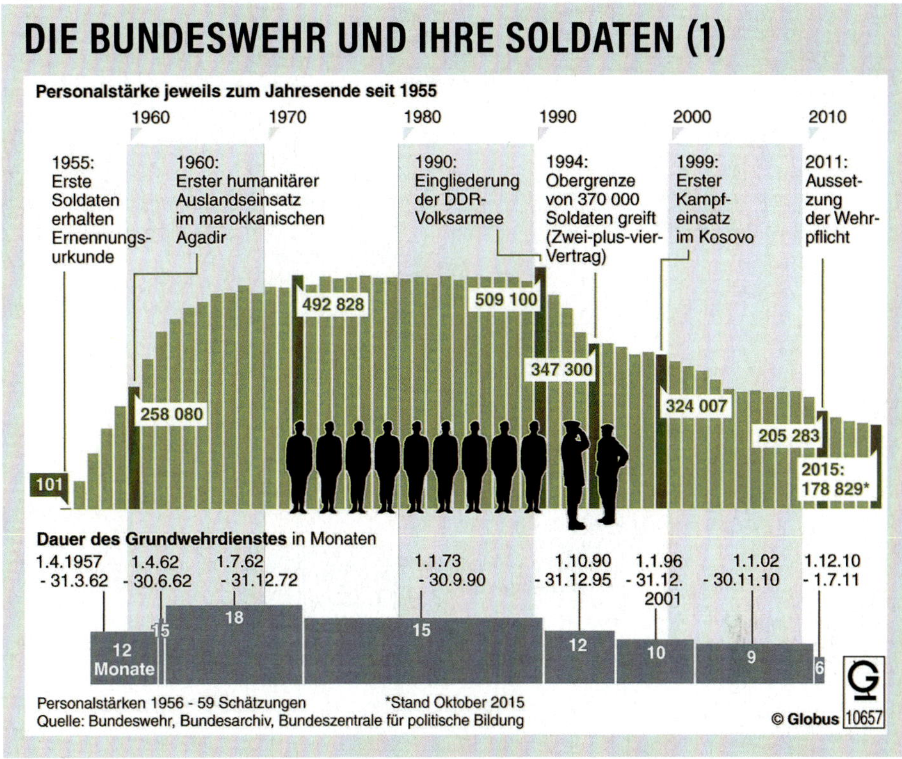


## Entschlossen entgegentreten

Altenburg verwendete viel Zeit und Energie darauf, die Gegenseite von der Unmöglichkeit eines Krieges zu überzeugen. Erst dann, wenn dem Kreml als Führungszentrum die Folgen seines Handelns deutlich seien und er begriff, dass die NATO ernst machen und im äußersten Fall den nuklearen Krieg auf das Territorium der Warschauer Vertragsstaaten tragen würde, wäre eine wirkliche Pattsituation erreicht. Das war die politisch-militärische Leitlinie, der Altenburg und der neue Verteidigungsminister Wörner mit ihren westalliierten Partnern folgten, auch wenn nationale Egoismen das grundsätzlich gedeihliche Miteinander immer wieder störten und erst in zähen Verhandlungen ausgeräumt wurden.

Obwohl ein Krieg undenkbar schien, eben weil er sich zur nuklearen Katastrophe ausweiten konnte, mussten die Stäbe ihn in seinen einzelnen Schritten durchdenken und durchspielen. Wie hat man sich diesen Krieg vorzustellen? Nachdem alle politischen Konsultationen gescheitert sein würden, kam es für Altenburg vor allem darauf an, zu Lande, in der Luft und zu Wasser mit allen verfügbaren NATO-Streitkräften dem Feind entschlossen entgegenzutreten. Dafür standen auf dem Territorium der Bundesrepublik Deutschland neun Korps aus sechs Staaten bereit.

In einer vom Verteidigungsministerium erarbeiteten Studie vom Juni 1986 würde das Kampffeld-Szenario von hoher Geschwindigkeit, taktisch-operativer Beweglichkeit und Waffensystemen mit weitreichender Wirkung geprägt sein. Rechnete man sich im Westen gute Chancen aus, dem Feind durch eigene Entschlossenheit das Gesetz des Handelns vorzuschreiben und ihn im Idealfall zur Aufgabe zu zwingen, so blieb die bange Frage der Durchhaltefähigkeit der Streitkräfte, würde es dem Gegner gelingen, seine 2. Staffel ins Gefecht zu führen.

Der neuralgische Punkt war erreicht, wenn die Führung den Einsatz von Nuklearwaffen erwägen musste, um die feindlichen Kräfte daran zu hindern, sich zu entfalten. Hierfür gab es eine Reihe von Optionen, entscheiden aber musste die Politik – abhängig von der Gesamtsituation, die sich kaum vorab skizzieren ließ. Man ging davon aus, dass das „Zeigen der Folterwerkzeuge“, also die Ankündigung Atomwaffen einzusetzen, zum Einlenken bewegen würde.

Just in dieser Zeit setzte in der Sowjetunion ein Umlenkungsprozess von der strategischen Offensive zur Defensive ein. Getrieben von steigendem wirtschaftlichem Druck und einsetzendem gesellschaftlichem Wandel wurde immer offensichtlicher, dass der Ostblock dauerhaft beim Rüstungswettlauf mit der NATO nicht mehr würde mithalten können. Der durch Gorbatschow beschrittene Weg, auch befeuert durch Unruhen in den Satellitenstaaten unter den Schlagworten „Perestroika“ (Umgestaltung) und „Glasnost“ (Offenheit), erntete im Westen begeisterten Beifall.

Drei Marksteine im Jahre 1986 führten zu einer substanziellen Neubewertung in den Ost-West-Beziehungen, auch wenn die Bundeswehrführung darin noch keine deutlichen Anzeichen für ein Ende der militärischen Konfrontation sehen wollte: Erstens schlug Gorbatschow am 15. Januar öffentlich Abrüstungsverhandlungen vor, hinter denen die Armeespitze unter Generalstabschef Achromeev stand. Zweitens zeigte der Unfall im Atomkraftwerk Tschernobyl am 26. April der Weltöffentlichkeit mit aller Dramatik die technische Rückständigkeit der sowjetischen Industrie, die Rückschlüsse auf den technologischen Leistungsstand des Landes (und seiner von ihm abhängigen Partner) zuließ. Und drittens beschlossen am 11. Oktober Gorbatschow und Reagan in Reykjavik, die beidseitigen Massenvernichtungsarsenale zu reduzieren; darüber hinaus bot der sowjetische Generalsekretär an, seine konventionellen Truppen in Europa zu verringern.

## Die konventionelle Karte

Zusammen genommen bedeutete dies in der Tat eine Revolution in der Weltsicherheitsstruktur, welche die Bundeswehr berühren musste. Denn die deutschen Streitkräfte, die seit Kurzem erst ihr Leistungsspektrum rasant ausgeweitet hatten, würden nunmehr dauerhaft ihre modernsten Waffen eigentlich wieder einmotten müssen. Doch weit gefehlt.

Der 1986 auf Altenburg als Generalinspekteur folgende Admiral Dieter Wellershoff führte das Credo seines Vorgängers, auf moderne konventionelle Fähigkeiten der Bundeswehr zu setzen, unbeirrt fort. Verhinderung eines Krieges durch konventionelle Stärke mit atomarem Rückhalt blieb für die

**HEERESFLIEGER:** Zu den Stärken der 80er-Jahre-Bundeswehr gehörte auch die Logistik. Hier Transporthubschrauber vom Typ CH 53

Foto: picture alliance/ United Archives

deutsche politische und militärische Führung Dreh- und Angelpunkt der Abschreckung, die ungeachtet der politischen Umwälzungen im Osten zu erhalten war. Rückendeckung kam aus den USA, die gerade durch die atomare Abrüstung die Gefahr eines Krieges zu erkennen meinten, zumal der Eiserne Vorhang nach wie vor existierte, hinter dem ein riesenhaftes militärisches Potenzial lag.

## Bundeswehr bleibt skeptisch

Entsprechend ungerührt nahm das Verteidigungsministerium 1987 die sowjetisch-amerikanische Übereinkunft zur Kenntnis, bis 1991 alle Mittelstrecken-Raketen mit einer Reichweite von 500 bis 5.500 Kilometern abzubauen. Unsicherheit und Misstrauen blieben bestehen, ja verfestigten sich sogar in der Bundeswehr-Elite, die den gesellschaftspolitischen Wandel im Ostblock zwar begrüßte, daraus aber die Gefahr unkalkulierbarer Entwicklungen und Unwägbarkeiten bis hin zu einer möglichen militärischen Überreaktion ableitete.

Das war die vorherrschende Sicht auf der „Königsebene" – von ultrakonservativen

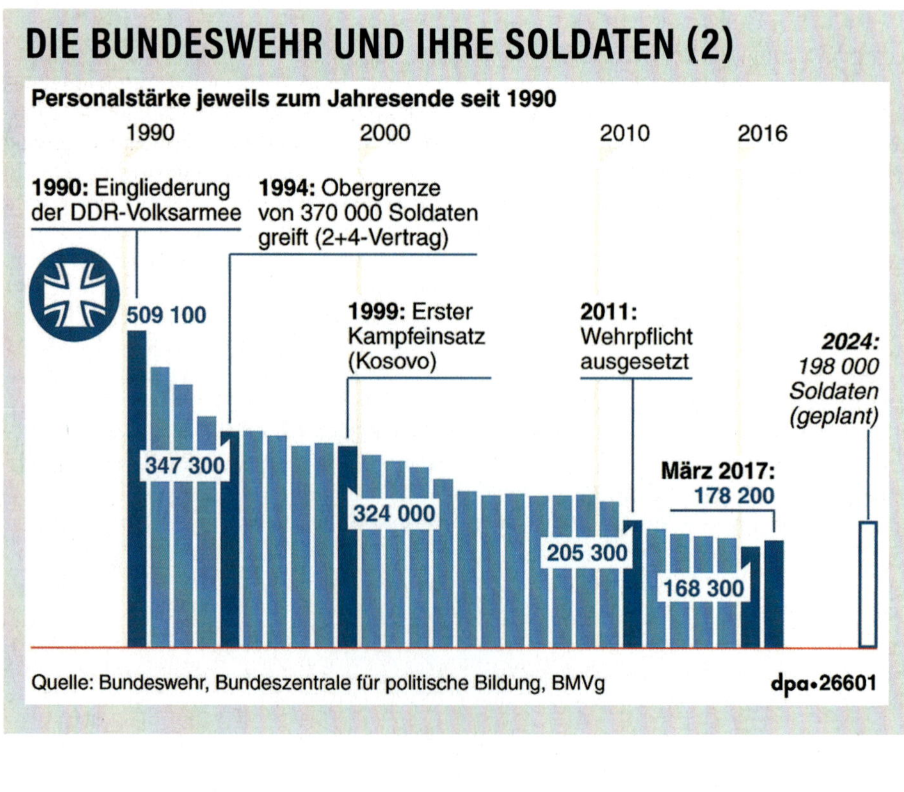

Politikern wie Helmut Kohl, Franz Josef Strauß oder dem ehemaligen NSDAP-Mitglied Alfred Dregger sowie den meisten Spitzenmilitärs.

Und in Bodennähe, dort, wo aus dem Panzergrenadier von 1985 nach Jahresfrist ein Unteroffizier der Spezialtruppe ELOKA („Elektronische Kampfführung") geworden war, der an der Fernmeldeschule in Feldafing Russisch lernte? Ich war vom Rumoren in der Welt begeistert, glaubte an „Gorbi" und seine Mission und bereitete mich innerlich darauf vor, meine ehemaligen potenziellen Feinde, die ich nie als solche betrachtet hatte, demnächst in ihrer Muttersprache zu begrüßen.

Einige Kameraden und ich, aber längst nicht alle, waren zutiefst davon überzeugt, dass die eingeschlagene politische Richtung die einzig richtige war und den dauerhaften Frieden bedeutete. NATO-kritisch eingestellt, pazifistisch grundiert, dabei aber vaterlandstreu, sah ich 1990 als Fähnrich keinen Widerspruch darin, das Heck meines schwarzen Ford Fiesta links mit einer Friedenstaube und rechts mit dem Emblem der Offizierschule des Heeres zu zieren.

## Ein Paukenschlag

Zurück in die hohe Politik. Vor dem Hintergrund allgemeiner Unsicherheiten, wie es mit der Sowjetunion und ihren Bündnispartnern weitergehen würde, bereitete sich die Bundeswehr auf alle Eventualitäten vor. Man blieb beim Konzept der Vorneverteidigung mit stetig weiterentwickelten Waffensystemen und führte damit das operative Modell der Vergangenheit fort („Kontinuum der Abschreckung"). Dabei interessierte es die Militärs wenig, dass ein grundsätzliches Beibehalten hergebrachter Prinzipien, die vom „Feind im Osten" nicht abrückten, die Bemühungen der Abrüstungspolitik ignorierten, was namentlich SPD-Politiker kritisierten.

Der Paukenschlag kam mit dem 7. Dezember 1988, als Gorbatschow, der den wirtschaftlichen Zusammenbruch der Sowjetunion wohl längst erahnte, in einer Rede vor den UN in New York ankündigte, innerhalb der nächsten zwei Jahre seine Armee um eine halbe Million Mann und 5.000 Panzer zu verkleinern. Er benötigte das frei werdende Geld dringend für den zivilen Sektor.

Die meisten Admiräle und Generäle der Bundeswehr reagierten verunsichert auf die großzügigen Angebote aus dem Kreml. Erst mit den allseits aufbrechenden Krisen und zunehmenden Destabilisierungen in den Warschauer Paktstaaten ab Frühjahr 1989 und der Erkenntnis, dass der Zerfall des Ostblocks nicht mehr aufzuhalten war, lösten sich die deutschen Spitzenmilitärs von ihrer bis dahin aufrechterhaltenen Bedrohungsmaxime.

1 **KAMPFFLUGZEUG:** Die hervorragende MiG 29 durfte noch eine Weile in den Reihen der Bundeswehr dienen Foto: picture alliance/Ulrich Baumgarten

2 **NEUE UNIFORM:** Diese ehemaligen Soldaten der NVA tragen nun die Uniformen der Bundeswehr Foto: picture-alliance/dpa

Verteidigungsminister Gerhard Stoltenberg ließ Admiral Wellershoff in einem Schreiben vom 31. August 1990 lapidar wissen: „Der West-Ost-Konfrontation, die jahrzehntelang die Sicherheitslage Europas bestimmte, folgt jetzt eine umfassende Zusammenarbeit." Der 3. Oktober 1990, als die Nationale Volksarmee der DDR in die Bundeswehr integriert wurde, besiegelte für die Deutschen schließlich das Ende des Ost-West-Konflikts. Jetzt hieß es, ausgesuchte Soldaten und gegebenenfalls Material aus der NVA zu übernehmen.

An der „Armee der Einheit" wirkte auch der Inspekteur der Marine Vizeadmiral Hans Joachim Mann mit, der erstaunt feststellte, wie veraltet die Technologie in den Armeen jenseits des Eisernen Vorhangs war. Die Bestandaufnahme führte zu dem ernüchternden Ergebnis, dass man den Feind im Osten jahrzehntelang schlicht überschätzt hatte. Die Masse an Kriegsgerät war zwar enorm gewesen, doch ihre Qualität hätte einem Schlagabtausch mit dem technologisch überlegenen Westen wohl kaum standgehalten.

## LITERATUR


**Detlef Bald:** *Die Bundeswehr. Eine kritische Geschichte 1955–2005*, München 2005

**Florian Reichenberger:** *Der gedachte Krieg. Vom Wandel der Kriegsbilder in der militärischen Führung der Bundeswehr im Zeitalter des Ost-West-Konflikts* (*Sicherheitspolitik und Streitkräfte der Bundesrepublik Deutschland*, Band 13), Berlin, Boston 2018

**Martin Rink:** *Die Bundeswehr 1950/55–1989* (*Beiträge zur Militärgeschichte – Militärgeschichte kompakt*, Band 6), Berlin/Boston 2015


## „Wir waren keine Gefahr"

Hinzu kam eine niedrige Motivation der Soldaten infolge der kollabierenden Volkswirtschaften. Der sich seit Jahren abzeichnende wirtschaftliche Zerfall des Ostblocks drückte auf die Stimmung und Moral aller Schichten der Gesellschaft, was sich auf die Leistungsbereitschaft der Streitkräfte auswirkte.

Als ich im September 1990 den ersten von zwei Lehrgängen an der Offizierschule des Heeres absolvierte, waren auch NVA-Offiziere anwesend. Meine Kameraden und ich wunderten uns über deren schlecht sitzende Uniformen aus grobem Stoff und ihr Eingeständnis, dass das Material, mit dem sie hätten kämpfen sollen, schon seit Jahren wartungs- und modernisierungsbedürftig gewesen sei: „Ganz ehrlich: Wir waren für Euch keine Gefahr." Ist der Krieg also doch so weit entfernt gewesen, wie wir es damals, 1985, in dem kleinen „Lager" bei Warburg geahnt hatten? ■

Der Weg zurück: Deutsche Soldaten kehren im November 1918 nach Hause zurück. Das Land, aus dem sie 1914 ausgerückt sind, …

# Ein Land kommt nicht zur Ruhe

Im November 1918 endete der Erste Weltkrieg nach mehr als vier Jahren Krieg und Millionen von Toten. Die Verantwortlichen beider Seiten hätten ihn durchaus verhindern können, wenn mehr Weitsicht und Vernunft geherrscht hätten. Die deutsche Führung wiederum versäumte es, den Krieg zu beenden, als es vielleicht noch möglich war, bessere Bedingungen zu erzielen als diejenigen, die die Sieger am Ende diktierten. So aber taumelte Deutschland in die nächste große Krise, an deren Ende noch weitaus größeres Unheil wartete.

… erkennen sie kaum noch wieder. In Berlin brachen sogar offene Kämpfe zwischen Regierungstruppen und Revolutionären aus. Diese Säule am Nationaldenkmal von Berlin wurde im Dezember 1918 durch einen Artillerietreffer zerstört

Fotos (2): Scherl/Süddeutsche Zeitung Photo



Clausewitz Jahrbuch

## IMPRESSUM

**Editorial Director (Bereich Militär):** Markus Wunderlich (Lt. d. R.)

**Chefredakteur:** Markus Wunderlich (V. i. S. d. P.)

**Verantwortlicher Redakteur:** Stefan Krüger M. A.

**Redaktion:** Jens Müller-Bauseneik M. A., Ralph Kreuzer

**Schlussredaktion:** Michael Suck (fr)

**Redaktionsassistenz:** Brigitte Stuiber

**Layout:** Ralph Hellberg (fr)

**Head of Production:** Andreas Hofner

**Produktionsleitung Magazine:** Grit Häußler

**Herstellung/Produktion:** Benedikt Bäumler

**Kartografie:** Frühwald Schlaich (fr)

**Verlag** GeraMond Media GmbH
Infanteriestraße 11a, 80797 München
www.geramond.de

**Geschäftsführung:** Clemens Schüssler, Gerrit Klein

**Gesamtleitung Media:** Jessica Wygas
(verantwortlich für den Inhalt der Anzeigen)
jessica.wygas@verlagshaus.de

**Senior Mediaberater:** Armin Reindl, armin.reindl@verlagshaus.de

**Anzeigendisposition:** Rita Necker, rita.necker@verlagshaus.de

**Leitung Abo Marketing:** Dr. Markus Killius

**Vertriebsleitung** Dr. Regine Hahn

**Vertrieb/Auslieferung:** Zeitschriftenhandel, Bahnhofsbuchhandel: MZV Moderner Zeitschriftenvertrieb Unterschleißheim (www.mzv.de)

**Litho:** Ludwig Media GmbH, Zell am See, Österreich

**Druck:** Walstead Central Europe, Poland



**KUNDENSERVICE, ABO und EINZELHEFTBESTELLUNG**

**Clausewitz ABO-SERVICE**

**Gutenbergstraße 1, 82205 Gilching**

**+49 (0)89 46220001**
Unser Kundenservice ist Mo.-Fr. 08.00-18.00 Uhr telefonisch erreichbar.

**leserservice@clausewitz-magazin.de**

**www.clausewitz-magazin.de**

Preise: Einzelheft 12,90 € (D), 14,20 € (A), 20,60 CHF (CH), 14,80 € (Lux), 17,40 € (I)

Bezug: Sie erhalten Clausewitz Geschichte (Deutschland, Österreich, Schweiz, Luxemburg, Italien) im Bahnhofsbuchhandel, an gut sortierten Zeitschriftenkiosken sowie direkt beim Verlag.

**Händler in Ihrer Nähe finden Sie unter: www.mykiosk.com**

**Leserbriefe & Beratung**

**Clausewitz**
**Infanteriestraße 11a, 80797 München**

**089 130699-720 Mo-Fr, 10-15**
**redaktion@clausewitz-magazin.de**
**www.clausewitz-magazin.de**

Bitte geben Sie bei Zuschriften per E-Mail immer Ihre Telefonnummer und Postanschrift an.

**Anzeigen**

**anzeigen@verlagshaus.de**
Es gilt die Anzeigenpreisliste Nr. 33 vom 1.1.2023